Karolin Fuchs

Vereinbarkeit der beruflichen und privaten Lebensgestaltung

Karolin Fuchs

Vereinbarkeit der beruflichen und privaten Lebensgestaltung

Handlungsherausforderungen und Gestaltungsmöglichkeiten

Lehrbuchverlag

Imprint
Any brand names and product names mentioned in this book are subject to trademark, brand or patent protection and are trademarks or registered trademarks of their respective holders. The use of brand names, product names, common names, trade names, product descriptions etc. even without a particular marking in this work is in no way to be construed to mean that such names may be regarded as unrestricted in respect of trademark and brand protection legislation and could thus be used by anyone.

Cover image: www.ingimage.com

Publisher:
Der Lehrbuchverlag
is a trademark of
International Book Market Service Ltd., member of OmniScriptum Publishing Group
17 Meldrum Street, Beau Bassin 71504, Mauritius

Printed at: see last page
ISBN: 978-620-0-44502-5

Inhaltsverzeichnis

Abbildungsverzeichnis

1. Was beinhaltet das Thema „Vereinbarkeit von Familie und Beruf" im Allgemeinen?

Schon immer gehörte die Vereinbarkeit von Privatleben und Erwerbstätigkeit zu einem der Spannungsfelder menschlicher Existenz, weil das Streben nach Einkommen oft zu Verhalten und Tätigkeiten anhält, die mit unseren innigsten persönlichen Wünschen und Bedürfnissen wenig übereinstimmen. In der Evolutionsgeschichte des Menschen wurden diesem sehr innigen Bestreben so manche Herausforderungen abgerungen. Nach der Ära des Jägers und Sammlers, als der Mensch dann als Pflanzen- und Tierzüchter sesshaft wurde, schien sich über viele Jahrhunderte die Vereinbarkeit von Erwerbsleben und Familie sehr positiv zu entwickeln.

Dann setzte die „Industrielle Revolution" im 19. Jahrhundert neue Maßstäbe und Anforderungen an Beruf und Familie. Eine Entwicklung, die sich mit stetig neuen Ausformungen bis in die Gegenwart hereinzieht. So richtig thematisiert und hochaktuell wurde die Vereinbarkeit von Familie und Beruf in den jüngeren Jahren durch Phänomene wie drastische Geburtenrückgänge, Burnout-Syndrome und auch die mangelnde Bereitschaft junger qualifizierter Menschen sich für anspruchsvollere Führungsaufgaben zu qualifizieren. Es entstand der Begriff der „Work-Life-Balance", der Vereinbarkeit zwischen Privatleben und Beruf. Als Auslöser dessen ist u.a. die veränderte Rollenvorstellung in den Familien und der demografische Wandel, sowie dessen Auswirkungen zu sehen.[1]

1.1. Begriffsdefinitionen

Der Ausdruck Work-Live-Balance trägt in der Gesellschaft des 21. Jahrhunderts einen hohen Stellenwert. Eine offizielle Definition für diesen Begriff ist jedoch nicht vorhanden. Im Rahmen dieser wissenschaftlichen Arbeit wird die Bedeutung der Bezeichnung in der Findung des Gleichgewichts zwischen dem beruflichen und privaten Alltag aufgegriffen. Beide Teilbereiche sollen einen möglichst gleichgroßen bzw. gleichberechtigten Anteil erhalten, sodass die Ausgewogenheit zwischen Belastung und Erholung ausreichend gegeben ist.[2]

---

[1] Vgl. Bundesministerium für Familie, Senioren, Frauen und Jugend, 2015, S.6

[2] Vgl. Meißl, 2007, S. 3

In Kapitel 3.1. der Ausarbeitung wird auf die Generation Y eingegangen. Zu dieser Altersklasse zählen die Jahrgänge um 1980 – 1994. Eine klare, allgemein gültige Abgrenzung gibt es nicht. Sie gilt als Nachfolgergeneration der Baby-Boomer-Generation (Jahrgänge ca. 1950 – 1965) und der Generation X (Jahrgänge ca. 1965-1980) und bringt, wie jede Generation, ihre eigene Charakteristika mit sich.[3]

1.2. Aktuelle Situation im Arbeits- und Familienleben

Wurde in den früheren Jahren das Privatleben dem Berufsleben untergeordnet, legt die Gesellschaft von heute viel Wert auf Flexibilität und die eigene Verwirklichung auch im Privatbereich. Der zunehmende Wettbewerbsdruck am Arbeitsmarkt und die steigende Karriereorientierung der Frauen fordern die Unternehmen mehr denn je heraus, sich mit diesem Thema auseinanderzusetzen.[4] Eine überaus essenzielle Aufgabe der Unternehmen ist es, den Arbeitnehmern ein Arbeitsumfeld zu schaffen, welches ihre Produktivität und Leistungsfähigkeit erhält und zugleich eine relativ freie Hand bei der Gestaltung des Berufs- und Privatleben lässt.

Work-Life-Balance gilt als Grundlage um Zugriff auf sogenannte High Potentials zu erlangen und die Fluktuation der Mitarbeiter zu verringern. Es gehört nach wie vor zur häufigen Regelerscheinung, dass gut ausgebildete Erwerbstätige ihr Unternehmen bzw. ihre oft wichtigen Tätigkeitsbereiche nur deshalb verlassen, weil die Vereinbarkeit ihres Berufs mit den Vorstellungen für ihr Privatleben nur ungenügend gegeben ist.[5]

Zudem trägt die Zunahme von Verpflichtungen, sei es im beruflichen, aber auch im privaten Bereich, zum Empfinden chronischen Zeitmangels bei. Die mangelhafte Betreuungsquote für Kinder, insbesondere der unter 3-jährigen und die damit einhergehende Schwierigkeit einer Rückkehr etwa gut ausgebildeter und erfahrener Akademikerinnen aus der Elternzeit ist ein gutes Beispiel, wie sich die Vereinbarkeit von Familie und Beruf auswirken. Darüber hinaus ist in Anbetracht der demografischen Entwicklung in der Gesellschaft mit einem wachsenden Pflegeleistungsbedarf der Eltern-Generation zu rechnen, die mit der arbeitsmarktbedingten Zunahme an Mobilität konkurriert. Damit ist die beruflich bedingte räumliche Trennung zum familiären Umfeld gemeint.

---

[3] Vgl. Hansen, 2015, S.11

[4] Vgl. Kaiser/Ringlstetter, 2010, S. xvii

[5] Vgl. Kaiser/Ringlstetter, 2010, S. xvii

Ein weiteres Kriterium ist, dass die Menschen zunehmend nach mehr Lebensqualität außerhalb der Erwerbsarbeit streben, wofür sie auch Karriererisiken in Kauf nehmen oder sich eine alternative Beschäftigung suchen. Die soziale Zusammensetzung der Erwerbstätigen hat sich in den letzten Dekaden stark verändert. Das zeigt sich z.B. in der Anzahl berufstätiger Frauen, sowie dem enormen Anstieg an Alleinerziehenden. Auch der Anteil der älteren Arbeitnehmer wird zwangsläufig zunehmen und es vollzieht sich ein Wandel der Erwerbsformen, der sich in der Zunahme alternativer Vertragsformen neben dem typischen Normalarbeitsverhältnis ausdrückt. Erfreulich ist, dass sich durch den technologischen Fortschritt die Möglichkeiten zur flexiblen Arbeit wesentlich verbessert haben, jedoch verschiebt sich infolge des demografischen Wandels die Arbeitsstruktur.[6] Arbeitsmodelle müssen zeitlich, örtlich aber auch anforderungstechnisch den Gegebenheiten in der Gesellschaft an gepasst werden.

Wir fragen uns deshalb:

- Wirkt sich Work-Life-Balance erfolgreich auf die Unternehmen und deren Arbeitnehmer aus?
- Welche Möglichkeiten gibt es und welche Faktoren sind hierfür zu beachten?
- Welche Folgen entstehen aus dieser alternativen Arbeitsform?

1.3. Vereinbarkeit Familie und Beruf

Anfang 2015 wurde die Deckung des Fachkräftebedarfs von den Unternehmen als enorme Herausforderung eingestuft. Die Vereinbarkeit von Familie und Beruf stellt eben dazu eine der unabdingbaren Voraussetzungen zur Meisterung dieser Aufgabe[7]. Es ist kein Geheimnis, dass in Unternehmen, die sich mit dieser Thematik positiv auseinandersetzen und Möglichkeiten für die Vereinbarkeit von Familie und Beruf vorantreiben und auch durchsetzen, die Produktivität um 13 Prozent steigt. Gleichzeitig sinken die Fehlzeiten und Krankheitsquoten.[8]

Als Fazit lässt sich erkennen, dass eine familienbewusste Arbeits- und Personalpolitik die Wettbewerbsfähigkeit des jeweiligen Unternehmens steigert.[9] Die Vereinbarkeit von beruflichen und privaten Interessen stellt eben für die große Mehrheit der Arbeitnehmer aktuell eine bedeutende Voraussetzung für die immer wieder angesprochene und gewünschte Lebensqualität dar.[10]

---

[6] Vgl. Giese, 2013, S.25; vgl hierzu auch Schobert/Esslinger, 2007, S. 23-25

[7] Vgl. Bundesministerium für Familie, Senioren, Frauen und Jugend, 2015, S. 8

[8] Vgl. Bundesministerium für Familie, Senioren, Frauen und Jugend, 2015, S. 8

[9] Vgl. Bundesministerium für Familie, Senioren, Frauen und Jugend, 2015, S. 8

[10] Vgl. Bundesministerium für Familie, Senioren, Frauen und Jugend, 2015, S. 7

Die folgende Statistik des Bundesministeriums für Familie, Senioren, Frauen und Jugend zeigt auf, dass dieses Thema als eines der wichtigsten wirtschaftspolitischen Aufgaben und Herausforderungen der heutigen Zeit gilt. 58 Prozent der deutschen Bevölkerung sehen die Vereinbarkeit der beruflichen und privaten Interessen nach der Verringerung der Staatsverschuldung als wichtigste wirtschaftspolitische Aufgabe.

[11]

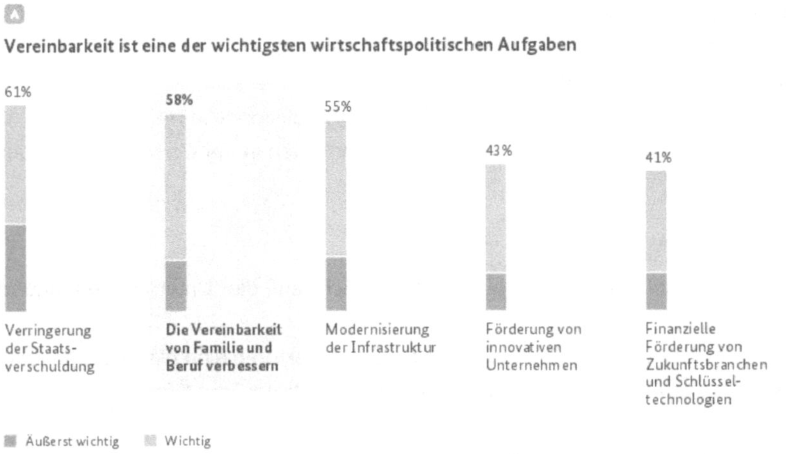

Abbildung 1: Wirtschaftspolitische Aufgaben

1.4. Flexibilität der Arbeitsorganisation

Welche Alternativen zur Verwirklichung dieser Vereinbarkeit stehen zur Verfügung? Und welche Maßnahmen wurden in den vergangen Jahren bereits getroffen?

In den vergangenen Jahren wurde ein Hauptaugenmerk auf die Kinderbetreuung gelegt, denn diese stellt eine sehr große Herausforderung für die Vereinbarkeit von Familie und Beruf dar. Der Anteil der Kindertagesbetreuung in öffentlichen Einrichtungen, vor allem auch der Besuch von Ganztagsschulen ist in Deutschland deutlich angestiegen. Dieser hat sich seit dem Jahr 2006 mehr als verdoppelt (von rund 7 Prozent auf 18 Prozent).[12]

---

[11] Vgl. Bundesministerium für Familie, Senioren, Frauen und Jugend, 2015, S. 7

[12] Vgl. Bundesministerium für Familie, Senioren, Frauen und Jugend, 2015, S. 9

Ein wichtiger Einflussfaktor für die Vereinbarkeit Familie und Beruf ist jedoch auch die Gestaltung von Arbeitsplatz und Arbeitszeit. Erst wenn die Flexibilität der Arbeitszeit, aber auch des Arbeitsortes steigt und auf die jeweilige Lebenssituation individuell angepasste Arbeitsmodelle angeboten werden, kann nachhaltig die Gestaltung der Kinderbetreuung in den Vordergrund rücken. Bereits auch in kleineren Unternehmen müssen und werden flexible Arbeitszeitmodelle angeboten. Dies stellt dagegen erhöhte Anforderungen an die Arbeitsorganisation von Unternehmen und das Arbeitsvolumen und Fachkräften dar.[13] Die folgende Darstellung des Bundesministerium für Familie, Senioren, Frauen und Jugend zeigt die Entwicklung angebotener individueller Arbeitsmodelle auf dem Arbeitsmarkt in Deutschland auf. Im Vergleich zum Jahr 2003 sind individuelle vereinbarte Arbeitszeitmodelle um 30 Prozent angestiegen. Flexible Arbeitsorte, wie das Angebot eines Telearbeitsplatzes, haben sich mehr als verdoppelt.

Unternehmen geben an, ihren Beschäftigten heute deutlich häufiger flexible, familienbewusste
14 Arbeitszeitmodelle anzubieten

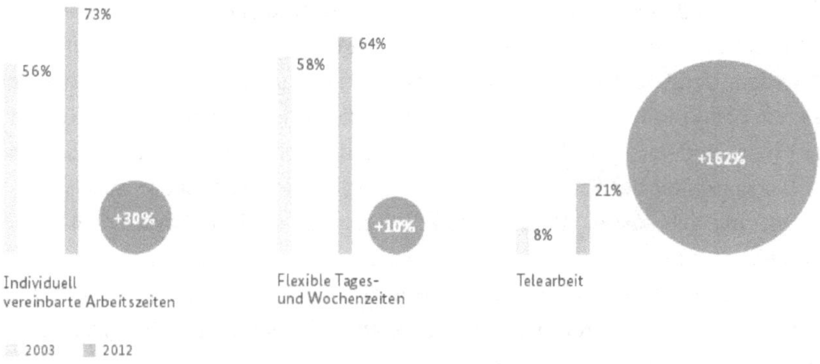

Abbildung 2: Arbeitsmodelle

Viele Arbeitgeber bieten auch eine sogenannte Home-Office-Arbeit an. Damit können Arbeitnehmer sie für eine bestimmte Zeit ihre Tätigkeit im vertrauten Heim- und Familienumfeld verrichten. Die Hauptmotivation für die Unternehmen dazu steckt meist in der Förderung und Bindung von Fachkräften, welche, bedingt durch

[13] Vgl. Bundesministerium für Familie, Senioren, Frauen und Jugend, 2015, S. 12

[14] Vgl. Bundesministerium für Familie, Senioren, Frauen und Jugend, 2015, S. 12

Nachwuchs oder Pflege eines Familienangehörigen, zeitlich und örtlich nur eingeschränkt am Berufsleben teilnehmen können oder wollen.[15]

Auch die politischen Diskussionen richteten in jüngeren Jahren vermehrt ihren Fokus auf die Möglichkeiten des Einklangs von Familie mit dem Arbeitsleben. Insbesondere zwei Programme des Bundesfamilienministeriums unterstützen dieses Bestreben, in dem sie themenrelevante Daten bündeln, praxisnahe Informationen einholen und Studien sowie Ratgeber, samt Erfolgsbeispielen und Erfahrungsberichten für die Öffentlichkeit bzw. Interessierte zugänglich machen. Mit den Programmen „Erfolgsfaktor Familie" und „Lokale Bündnisse für Familie" werden neben den vorgenannten Punkten auch an vielen Standorten deutschlandweit mit ortsansässigen Partnern Lösungen gesucht und deren Umsetzung in der Praxis versucht.[16]

2. Ursachen für diese Entwicklung

Seit geraumer Zeit ist zu beobachten, dass die Flexibilität im Beruf mehr und mehr zu einem brennenden zentralen gesamtgesellschaftlichen Thema geworden ist. Was früher dem Berufsleben automatisch untergeordnet wurde, tritt heute auf mindestens gleicher Ebene in Konkurrenz. Dem Wert der zeitlichen und räumlichen Gestaltung des Privat- und vor allem Familienlebens wird deutlich mehr Gewicht beigemessen. Die Möglichkeiten der Freizeitgestaltung haben sich, insbesondere auch durch das Internet mit all seinen Verästelungen, verändert und die Wertschätzung des Privatlebens zum Berufsleben hat sich verschoben. Der vor allem zeitliche, aber auch physische und psychische Aufwand für das Berufsleben erzeugt durch die ständig steigenden Anforderungen unausweichlich immer mehr Differenzen zwischen dem Privat- und dem Berufsleben.

2.1. Demografischer Wandel und damit verbundenes Gesundheitsmanagement

Die Überalterung der Gesellschaft stellt auch in der Arbeitswelt eine große Anforderung dar. Die Auswirkungen des demografischen Wandels beginnen sich langsam zu zeigen, sind aber auch teilweise schon weit gediehen. Die Folgen daraus sind oft schwer erkennbar oder werden unterschätzt.

---

[15] Vgl. Sieber/ Recknagel, 2012, S. 15

[16] Vgl. Bundesministerium für Familie, Senioren, Frauen und Jugend, Vorwort Schwesig, 2014, S. 3

Der sicherlich erfreuliche Umstand der höheren Lebenserwartung, Familienbildung, aber sich ändernde Haushaltszusammensetzung, reduzierte Verteilung der Gesamtbevölkerung auf die Erwerbsbevölkerung, Beschäftigungs- und Erwerbsquoten unterschiedlicher Personengruppen, Definition des erwerbsfähigen Alters (derzeit 15-64 Jahre) und die bestehenden Alternativen des Ausscheidens aus der Erwerbstätigkeit (Vorruhestand, Altersteilzeit, Erwerbsunfähigkeit und Arbeitslosigkeit) wirken sich dauerhaft einschneidend auf die gesamte Arbeitswelt aus.[17]
Die Entwicklung stellt hohe Anforderungen an die Personalpolitik der Unternehmen. Es gilt also altersgerechte Formen der Arbeits- und Personalgestaltung zu entwickeln und einzuführen. Für die künftige Entwicklung sehen sich Arbeitgeber gehäuft dazu aufgefordert, mit jungen fordernden und immer mehr älteren Arbeitnehmern zusammenzuarbeiten und in die Fort- und Weiterbildung dieser zu investieren. Daher wird es ein unumgängliches Mittel sein, Flexibilität fordernde Arbeitnehmer und ältere Beschäftigte zu halten und zu fördern.[18]
Die Qualifizierung auch der 40 bis 50-jährigen Mitarbeiter ist deutlich zu fördern, um somit die eigenen Ressourcen zu stärken und zu binden. Leider werden oft bereits vorhandene Potentiale einfach nicht gesehen, bzw. genutzt. Das Hauptaugenmerk ist eben auf die Bindung der Mitarbeiter mit vorhandener Betriebserfahrung zu legen, da in absehbarer Zeit, demografisch bedingt, immer weniger erwerbsfähige Personen nachrücken können und werden.[19]

Außerdem sollte der Arbeitsalltag so gestaltet werden, dass die Arbeitnehmer ihre Arbeit mit erträglichen psychischen oder physischen Anforderungen dauerhaft und vor allem auch im zunehmenden Alter ausüben können. Zum großen Teil hängen davon die Einsatz- und Leistungsfähigkeit der Arbeitnehmer bis ins fortgeschrittene Lebensalter ab.

Die folgende Grafik stellt den Zusammenhang der Anforderungen an die Arbeitnehmer und der Auswirkungen dar. Neben dem körperlichen Verschleiß bei z.B. handwerklichen Tätigkeiten, wirkt sich ein stets hohes Pensum an geistiger Beschäftigung auf die Psyche des Mitarbeiters aus.

---

[17] Vgl. Buck / Kistler / Mendius, 2002, S. 13

[18] Vgl. Giese, 2013, S.23

[19] Vgl. Buck / Kistler / Mendius, 2002, S. 68

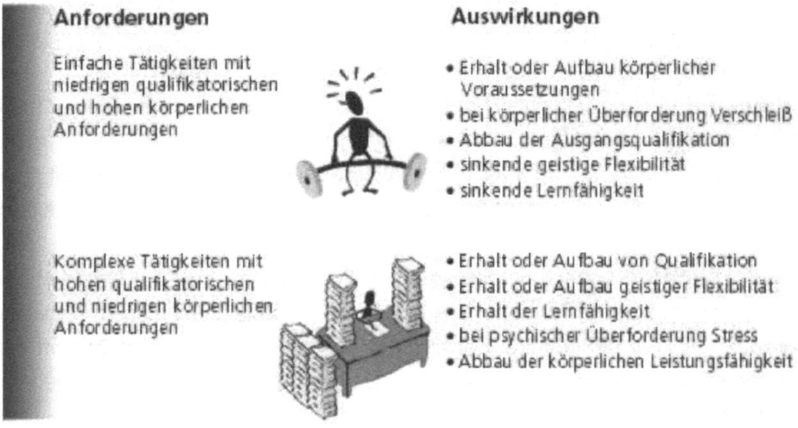

[20]

Abbildung 3: Auswirkungen Tätigkeit auf Leistung und Einsatz

Es ist unbestritten, dass langfristig physische oder psychische Überlastungen gesundheitsschädlich sind. Es ist deshalb schon aus Gründen der gesundheitlichen Fürsorgepflicht, die auch die Arbeitgeber durchaus nicht zuletzt zum eigenen Vorteil mehr oder weniger übernehmen notwendig, dass Arbeitsabläufe ergonomisch und so gesundheitsschonend wie möglich ausgestaltet werden. Schon damit wird eine Menge psychischer Druck in Form von Zeit und Leistung den Beschäftigten genommen (Arbeitszeitmodelle etc.).[21]

Aus der folgend aufgeführten Abbildung wird ersichtlich, welche weittragenden Folgen dauerhafte phyische und psychische Überlastung der Beschäftigen bringt und mit welchen Maßnahmen diesen Aufkommen entgegengewirkt werden kann.

---

[20] Vgl. Buck / Kistler / Mendius, 2002, S. 71

[21] Vgl Buck / Kistler / Mendius, 2002, S. 72

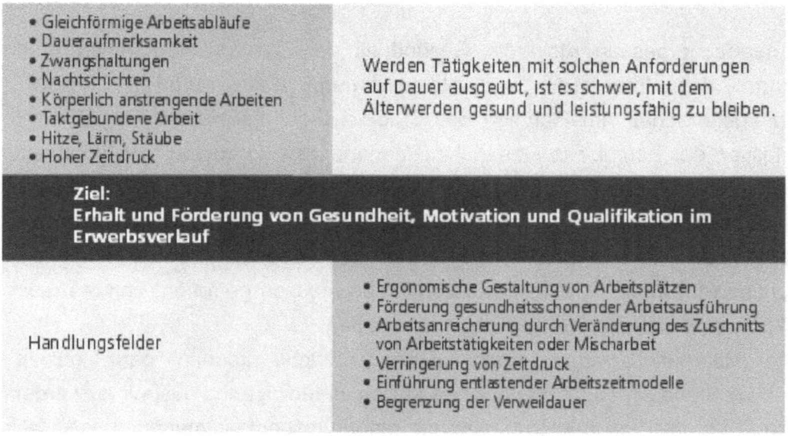

[22]

Abbildung 4: Folgen der Tätigkeiten

Der Faktor Gesundheit bildet schon heute, aber, aufgrund der demografischen Entwicklung, besonders künftig eine der größten Einflussgrößen für den Erfolg der wirtschaftlichen Entwicklung sowohl der Unternehmen, als auch der Erwerbstätigen. Als Folge des demografischen Wandels erhöht sich das Durchschnittsalter unserer Gesellschaft stetig. Damit steigt auch der Druck auf die Arbeitnehmer. Die Jüngeren stemmen einen höheren Anteil an Arbeitsanfall, aufgrund der sinkenden Anzahl an potenzieller Nachfolger, während die Älteren zeitlich länger den hohen Anforderungen auf dem Arbeitsmarkt ausgesetzt sind. Ein Weiteres bewirkt die offenbar unausweichliche Schnelllebigkeit, die ebenso einen nicht unbeträchtlichen Anteil am gesundheitlichen Risiko für die Gesellschaft, insbesondere die Beschäftigten verursacht. Die Regenerationszeiten werden immer kürzer oder fallen ganz weg. Die für den Gesundheitszustand so entscheidenden Erholungsphasen, wie z.B. Pausen und Feierabend ohne Erreichbarkeit für Arbeitsgeber werden mehr und mehr eingegrenzt.

Nicht zuletzt wird mit der vorgenannten Alterung der Gesellschaft, aber auch durch weitere äußere Einflüsse, die Gesundheit der Arbeitnehmer zu einem wichtigen Gut. Eine Studie der IHK Niederbayern zeigt, dass in niederbayerischen Unternehmen

- zunehmend Fachkräfte fehlen,
- die Belegschaft zudem im Durchschnitt älter wird und
- die Mitarbeiter länger arbeiten müssen. [23]

---

[22] Vgl. Buck / Kistler / Mendius, 2002, S. 72

In Anbetracht dessen rückt die Gesundheit der Beschäftigten immer mehr ins Zentrum des Interesses der Unternehmen, aber natürlich auch der Gesamtgesellschaft. Im Rahmen der Studie wurde die hiesige Region bzgl. der Aufstellung der Betriebe in Gesundheitsmanagement untersucht und durchleuchtet. Danach soll sich das Gesundheitsmanagement nicht nur allein auf das körperliche und seelische Wohl des Beschäftigten auswirken, sondern die Identifikation mit dem Unternehmen stärken und die Mitarbeiterzufriedenheit, Leistungsfähigkeit und Lebensqualität fördern. Nicht nur Maßnahmen müssen getroffen, sondern auch die Reaktion der Beschäftigten berücksichtigt werden.
Durch Mitarbeiterbefragung oder Einzelgespräche können ganz gezielt die Bedürfnisse und Anregungen der Angestellten hinterfragt und ausgelotet werden. Als Beistand bei der Ein- und Durchführung eines Gesundheitsmanagements, welches sich für die Unternehmen als langfristige Aufgabe darstellt, können auch die Krankenkassen, Sozialversicherungsträger und Berufsgenossenschaften zu Rate gezogen werden. Darüber hinaus bietet die IHK selbst bereits einige Weiterbildungen im Gesundheitsmanagement an. Pragmatische und zielgerichtete gesundheitsfördernde Projekte können demzufolge zum großen Erfolg für Arbeitnehmer und Arbeitgeber führen.[24]
Die Gesundheit der Beschäftigten wird in sehr bedeutender Form zur wertvollen Ressource der Unternehmen, weil diese meist als Spezialisten nicht beliebig austauschbar sind. Der Gesundheitszustand wird von den Betroffenen dann aber auch weitergetragen auf die familiäre und private Gestaltung des Lebens.

Der sich ständig steigernde Stresslevel aufgrund immer höherer Anforderungen und Einflüssen von außen wirken sich zwangsläufig auf die psychische Belastung der Beschäftigten aus. Dies zeigt sich schon dadurch, dass die Zahlen von psychischen Erkrankungen in den vergangen Jahren auf allen Gesellschaftsebenen deutlich angestiegen sind. Um die durch den demografischen Wandel hervorgerufene verlängerte Lebensarbeitszeit bis hin zum Erreichen des Rentenalters notwendigen Berufsjahre dennoch einiger Maßen gesundheitlich durchzustehen, bzw. auch im Alter den Anforderungen gewachsenen zu sein, sind neue Denkansätze notwendig.

---

[23] Vgl. o.V., Die Gesundheit der Mitarbeiter als hohes Gut, Passauer Neue Presse, Viechtacher Bayerwaldbote, Teil Heimatwirtschaft, 05.11.2016, S.6

[24] Vgl. o.V., Die Gesundheit der Mitarbeiter als hohes Gut, Passauer Neue Presse, Viechtacher Bayerwaldbote, Teil Heimatwirtschaft, 05.11.2016, S.6

Die Unternehmer stehen sicher in der Zukunft noch mehr vor der Problematik des „gesunden Führens“:

- Wie behandle ich meinen Mitarbeiter richtig, ohne ihn zusätzlich zu überfordern, indem ich seine Stärken fördere, seine Schwächen erkenne und dennoch seine Leistung hoch halte?
- Wie kann ich gesundheitlichen Problemen, sei es physischer oder psychischer Art, entgegenwirken bzw. vorbeugen?

Viele Unternehmen und Einrichtungen wirken bereits durch Maßnahmen, wie Beratungs- und Besprechungsangebote, oder auch mit flexiblen Arbeitszeitmodellen präventiv den auftretenden Erkrankungsfällen entgegen. Es werden Workshops zum Begriff „Gesundheitsmanagement“ angeboten, um auf diese Thematik aufmerksam zu machen und der negativen Entwicklung wirksam gegenzusteuern. Es entsteht durchaus der Eindruck, dass die Politik, Wirtschaft sowie die Gesellschaft die Problematik und die Zeichen der Zeit erkannt haben.
Es werden zwischenzeitlich Präventionsmaßnahmen entwickelt und Vorträge angeboten. Dies ist sicher ein wichtiges Aufgabengebiet, das auch in den künftigen Jahren die Arbeitswelt nachhaltig beeinflussen wird.[25]Trotz der Tatsache, dass die Konsequenzen, welche aus der stetigen Alterung der Gesellschaft, aber auch den Einflüssen von außen entstehen, erscheint sehr fraglich, ob die Tragweite der Gegenmaßnahmen ausreichend gewichtet ist und überhaupt ausreicht.
Psychische Erkrankungen, wie z.B. das mittlerweile weitverbreitete Burnout-Syndrom, treten in einem bisher nie da gewesenen Ausmaß in Erscheinung. Nach Schätzungen der Krankenkassen sind derzeit 13 Millionen Arbeitnehmer bundesweit von Burnout betroffen.[26] Die Dunkelziffer liegt dem Vernehmen der Experten nach deutlich höher. Jeder 5. Arbeitnehmer erleidet im Laufe seines Berufslebens Burnout-ähnliche Phasen. Jeder dritte arbeitet am Limit und fühlt sich stark erschöpft. 41 Prozent der Eintritte in den Ruhestand wegen verminderter Erwerbsfähigkeit sind auf psychische Probleme zurückzuführen. Für die kommenden Jahre ist die Tendenz steigend.[27]

---

[25] Vgl. Hiendl, Grenzen zwischen Beruf und Privatleben werden durchlässiger, Passauer Neue Presse, Viechtacher Bayerwaldbote, Teil Niederbayern, 28.06.2016, S. 8

[26] Vgl. http://www.muenchener-institut.de/beratung-fuer-unternehmen/zahlen-daten-fakten/, entnommen am 27.10.2016, um 16:28 Uhr.

[27] Vgl. http://www.muenchener-institut.de/beratung-fuer-unternehmen/zahlen-daten-fakten/, entnommen am 27.10.2016, um 16:28 Uhr.

Dennoch erscheint das Vorhandensein, die Bedeutung, Gewichtung und Anerkennung von psychischen Krankheiten, insbesondere des offenbar sehr präsenten Burnout-Syndroms in der Gesellschaft widersprüchlich. Ungeachtet der steigenden und allgemein unbestrittenen Ausweitung des Syndroms und der Tatsache, das Burnout in den Medien als Volkskrankheit Nummer 1 diskutiert wird, ist diese dagegen im medizinischen Bereich nicht als eigenständige Erkrankung aufgefasst, sondern gilt als allgemeines Problem der Lebensbewältigung. Es existiert keine internationale Definition für diese Erkrankung. Die Einschätzung dieser Krankheit und deren Auswirkungen beruht allein auf Selbstbeurteilungsinstrumenten. Fremdeinschätzungen sind nicht vorhanden.[28]

Neben der fehlenden medizinischen Anerkennung psychischer Erkrankungen, wie eben das Burnout-Syndrom, gilt die Einstellung zu psychischen Leiden in der Gesellschaft ebenfalls immer noch widersprüchlich. Kaum einer will offen eingestehen, dass er psychische Probleme hat. Als Ursache nennen Experten, dass das soziale Umfeld eine glatte, störungsfreie Fassade erwarte und Erkrankungen, deren Verlauf und Ende ungewiss sind, nicht in dieses gesellschaftliche Bild passen. Nicht zuletzt deshalb wird ein psychisches Leiden oft als nicht erwünschte Schwäche angesehen. In der Öffentlichkeit werden Schwächen nach wie vor nicht gerne eingestanden.[29]
Die vorgenannten Erwartungen und Forderungen steigern dagegen weiter Stress, erzeugen mehr und mehr Druck und fördern letztendlich sogar den Ausbruch und Verlauf psychischer Erkrankungen.

Die vorgenannte Entwicklung der psychischen Krankheiten ist nicht zuletzt auf die vorherrschende Schwierigkeit zurückzuführen, das private Leben und den beruflichen Alltag in Einklang zu bringen. Der gewiss vorliegende, sich wiederholende Versuch in beiden Lebensbereichen Fuß zu fassen artet überwiegend bei den Betroffenen dagegen weiter in Stresssituationen aus, welche dann zu den vorgenannten Symptomen und Krankheiten führen müssen. Die oft sehr weitreichende und sicher außerordentlich persönliche Entscheidung für die Familie und gegen die berufliche Karriere oder umgekehrt, löst bei einem Großteil der Betroffenen Unwohlsein, Fragen, Zweifel- und Angstsituationen aus.
Gleichzeitig bringen die ständigen Versuche Familie und beruflichen Erfolg in Einklang zu bringen aktuell meist übermenschliche Schwierigkeiten mit sich.

---

[28] Vgl. Friedrich/Henningsen, 2014, S. 2

[29] Vgl. http://www.zeit.de/politik/2009-11/ausgrenzung-psychisch-erkrankter, entnommen am 28.10.2016, um 11:23 Uhr

Schwerpunkte dabei bilden die oft fehlenden Möglichkeiten der Kinderbetreuung, die geringe Flexibilität in Bezug auf den Arbeitsplatz und –ort, sowie auch der finanzielle Aspekt. Kinderbetreuung in Kinderkrippen und –horten ist, trotz staatlicher Unterstützung, teuer und erfordert zudem weiteren Aufwand, wie z.B. zeitliche Anpassung der Arbeitszeit an die Betreuungszeit in den Kinderkrippen oder lange Anfahrtswege.

Für die Zukunft sind Weiterentwicklungen und Möglichkeiten der Verbesserung notwendig. Diese müssen die Folgen des demografischen Wandels, mit der damit einhergehenden alternden Gesellschaft und der damit auch zwangsläufig alternden Arbeitnehmerschaft, wie auch der gesundheitlichen Entwicklung, insbesondere im psychischen Bereich, mehr als bisher berücksichtigen. Notwendig ist ein Präventivpaket, um wirksam für die Erhaltung der Gesundheit der Beschäftigten und somit auch der Gesellschaft beitragen zu können.

Durch die bereits vorgenannte Entwicklung, dass immer mehr Arbeitnehmer, in erster Linie Frauen, vor die Wahl gestellt werden, ob sie eine berufliche Karriere einschlagen, oder aber eine Familie planen, entscheiden sich bisher eine hohe Anzahl für den Beruf. Dies geht aus der nachfolgend aufgeführten Grafik hervor[30]. Die Ursache dafür liegt auch an dem sich geänderten Rollenverständnis der Frauen, ferner am enorm gestiegenen Ausbildungs- und Qualifizierungsstand, den die Frauen in unserer Gesellschaft zwischenzeitlich erreicht haben. In der Folge ist die Geburtenrate in Deutschland in den vergangen 20 Jahren auf einen alarmierend niedrigen Stand gesunken.[31]

---

[30] Vgl. https://www.destatis.de/DE/ZahlenFakten/GesellschaftStaat/Bevoelkerung/Geburten/Tabellen/LebendgeboreneDifferenz.html;jsessionid=3EABF91D3261F59E3AACE7D55ED55F86.cae1, entnommen am 27.10.2016, um 14:28 Uhr

[31] Vgl. https://www.destatis.de/DE/ZahlenFakten/GesellschaftStaat/Bevoelkerung/Geburten/Tabellen/LebendgeboreneDifferenz.html;jsessionid=3EABF91D3261F59E3AACE7D55ED55F86.cae1, entnommen am 27.10.2016, um 14:28 Uhr

Jahr	Lebendgeborene	Veränderung zum Vorjahr
2000	766 999	-3 745
2001	734 475	-32 524
2002	719 250	-15 225
2003	706 721	-12 529
2004	705 622	-1 099
2005	685 795	-19 827
2006	672 724	-13 071
2007	684 862	12 138
2008	682 514	-2 348
2009	665 126	-17 388
2010	677 947	+12 821
2011	662 685	-15 262
2012	673 544	+10 859
2013	682 069	+8 525
2014	714 927	+32 858

Abbildung 5: Entwicklung Geburtenrate seit 1990

[32]Im Jahr 2009 erreichte die Zahl der Lebendgeborenen schließlich einen historischen Tiefststand. Die Auswirkungen für die künftige Entwicklung der Wirtschaft, des Arbeitsmarktes und auch der Renten- und Sozialkassen sind deutlich abzusehen und gegenwärtig zum Teil bereits deutlich zu spüren.

Seit dieser Zeit setzte jedoch ein Umdenken in Gesellschaft, Wirtschaft und auch in der Politik ein.

Wie in Kapitel 2.4. erläutert, wurden politische Förderprogramme gestartet und familienfreundliche Gesetzte verabschiedet.

Auch die Arbeitswelt entwickelt mehr und mehr Modelle zur Verwirklichung des stark in den Vordergrund tretenden Bedürfnisses, die privaten und beruflichen Interessen in Einklang zu bringen.

Erste Erfolge des Umdenkens sind bereits in der wieder leicht steigenden Geburtenrate abzusehen. Im Jahr 2015 lag die Quote bei durchschnittlich 1,50 Kinder pro Frau; eine Quote so hoch wie seit 30 Jahren nicht mehr. [33]

Dennoch liegt derzeit die Zahl der Lebendgeburten weit hinter der Entwicklung einer gesunden Gesellschaftsstruktur zurück. Seit den 1970er Jahren ist die Zahl fast ausschließlich zurückgegangen. War in den Jahren davor stetig von einem Geburtenüberschuss die Rede, stellte das Jahr 1970 die erste Wende dar. Geburtenzahlen aus den 1970ern wurden nicht mehr erreicht. Bis dahin wurde die Millionenmarke der Geburten jedes Jahr überschritten. Im drastischen Gegensatz

---

[32] Vgl. https://www.destatis.de/DE/ZahlenFakten/GesellschaftStaat/Bevoelkerung/Geburten/Tabellen/LebendgeboreneDifferenz.html;jsessionid=3EABF91D3261F59E3AACE7D55ED55F86.cae1, entnommen am 27.10.2016, um 14:28 Uhr

[33] Vgl. https://www.destatis.de/DE/ZahlenFakten/GesellschaftStaat/Bevoelkerung/Geburten/Tabellen/LebendgeboreneDifferenz.html;jsessionid=3EABF91D3261F59E3AACE7D55ED55F86.cae1, entnommen am 27.10.2016, um 14:28 Uhr

dazu zählte man im Jahre 2009 in Deutschland 665.126 Lebendgeburten.[34] Seit diesen gut vierzig Jahren verringerte sich also die Nachwuchsrate stetig.
Die Auswirkungen dieser jahrelangen Reduzierung zeigte sich nicht sofort, sondern Zug um Zug mit Erreichen des Rentenalters der geburtenstarken Jahrgänge vor 1970 und schrittweise mit dem Einritt in die Erwerbstätigkeit der geburtenschwachen folgenden Altersgruppen. Die Zahl der Erwerbstätigen zu der Menge der Rentenberechtigten entwickelt sich verstärkt ins Ungleichgewicht. Das etablierte Rentensystem gerät ins Schwanken, weil es auf einen Generationenvertrag aufbaut. Dieser verläuft nach dem Prinzip der intergenerationellen Solidarität. Die Generation der Erwerbstätigen sorgt für den Unterhalt der nicht erwerbsfähigen Kinder sowie der nicht mehr erwerbstätigen Rentner. Die latente Steigerung der Rentner und die damit verbundenen Kosten für deren Versorgung im Verhältnis zu den ökonomisch aktiven Jüngeren zeigt in dem bisher geregelten Generationenvertrag immer mehr Schwächen auf.[35]

Um die Stabilität des bisherigen Rentensystems zu gewährleisten müssen weiterhin deutliche Änderungen und Anpassungen in Politik, Wirtschaft, aber auch in der Gesellschaft fortgeschrieben werden. Sie werden derzeit auch wieder verstärkt in den politischen Gremien diskutiert. Den Frauen im gebärfähigen Alter müssen mehr Anreize geschaffen werden, damit die Entscheidung für die Familie erleichtert werde. Die Entscheidung für die Familie, darf aber gleichzeitig nicht zwingend im Einklang mit der Entscheidung einhergehen, den beruflichen Werdegang dagegen zu vernachlässigen.

2.2. Megatrends und die damit verbundene Werteänderung

Als Megatrend wird eine langfristige Entwicklung bezeichnet, welche weitreichende Folgen für die Gesamtgesellschaft weltweit trägt. Als erste und gesellschaftlich prägendste Ursache für das Aufkommen der vorgenannten Differenzen und Probleme in Gesundheitsaspekten und gesellschaftlichen, wie auch politischen Aufkommen ist die Gleichstellung der Geschlechter anzusehen. Seit den studentischen Aufständen Ende der 1960er Jahre hält die Emanzipation der Frau mehr und mehr Einzug. Diese Entwicklung wird als Female-Shift bezeichnet und gilt als einer der Megatrends, welcher für sämtliche Schichten der Gesellschaft und Wirtschaft enorme Änderungen mit sich brachte und auch in Zukunft weiter bringen wird.

---

[34]Vgl. http://ef-magazin.de/2009/05/31/1237-geburtenrueckgang-der-demographische-umbruch-1972, entnommen am 27.10.2016, um 14:53 Uhr

[35] Vgl. Velladics, 2003, S. 64

Neben dem gesellschaftlichen Ansehen ist es insbesondere die Erwerbstätigkeit der Frauen, welche sich seit 1970 von 45 Prozent bis heute fast verdoppelt hat. Außerdem haben die Frauen ihr Dasein in Führungsposition erheblich ausgebaut.[36] Seit geraumer Zeit stehen Männern, wie auch Frauen, die gleichen Bildungschancen zu und diese werden besonders von den Frauen auch mit aufsteigender Tendenz wahrgenommen. Das Streben der Frauen nach beruflicher Verwirklichung sowie die immer häufiger beobachtete Einforderung der Männer auf Zeit im Kreise der Familie bringt weitgehende Veränderungen und Auswirkungen für die gesamte Gesellschaft global. Das Modell „Hausfrauen und männlichen Versorger-Ehe" hat ausgedient. Die Einbindung der Frauen auf dem Arbeitsmarkt ist derzeit zahlenmäßig so hoch wie nie zu vor.[37]

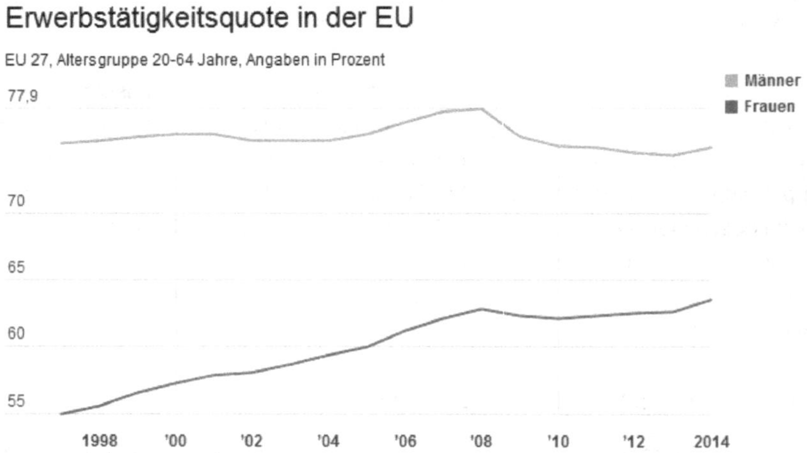

[38]

Abbildung 6: Entwicklung Erwerbsquote EU

Als Folge für diese Gleichstellung und der Kehrtwende weg von dem traditionellen Ehe-Modell ergibt sich die Frage nach Möglichkeiten für die Kinderbetreuung während den Arbeitszeiten und das zeitliche Management für arbeitsfremde Tätigkeiten wie Freizeitgestaltung. Der Beschäftigte in der heutigen Zeit bedarf mehr einer individuellen und subjektiven, als einer allgemeinen Betrachtung.

---

[36] Vgl. Bühler / Heye, 2005, S. 9

[37] Vgl. Bundeszentrale für politische Bildung, 2010, http://www.bpb.de/gesellschaft/gender/frauen-in-deutschland/49397/globalisierung-und-arbeit, entnommen am 07.06.2016, um 20:07 Uhr

[38] Vgl. Bundeszentrale für politische Bildung, 2010, http://www.bpb.de/gesellschaft/gender/frauen-in-deutschland/49397/globalisierung-und-arbeit, entnommen am 07.06.2016, um 20:07 Uhr

Aufgrund der Schnelllebigkeit und wachsenden Komplexität der jeweiligen Anforderungen rückt der Drang der Arbeitnehmer nach Flexibilität, Entfaltung und äußerer Wahrnehmung der eigenen Fähigkeiten weiter in den Vordergrund, als noch vor wenigen Jahren. Die weit vorangeschrittene Konnektivität, d.h. die Vernetzung der Menschheit mit Maschinen, ist ein enormer Beitrag zum kontinuierlichen Wachsen an Forderungen und Erwartungen. Das mittlerweile global gespannte Mediennetzwerk ermöglicht die Kommunikation und Interaktion der Wirtschaft und der Unternehmen weltweit. Es eröffnet neue Mittel und Wege und birgt Chancen, welche den Fortschritt signifikant vorantreiben.
Wissen aus wirtschaftlich, wie auch kulturell unterschiedlichen Lebensräumen kann auf einfachem Wege weitervermittelt werden. Dem Beschäftigten der heutigen Zeit wird die Beschaffung an Wissen aus bisher fremden Gebieten enorm erleichtert. Die damit verbundene Globalisierung zeigt der Bevölkerung neue Ansichten, Alternativen und Lebensweisen auf. Die Identifikation mit bisher unbekannten Erfahrungen ändert das Verhalten der Arbeitswelt beträchtlich und stellt die Wirtschaft und deren Führungskräfte vor neue Aufgaben.[39]

„Ein soziokultureller Wert ist ein grundlegender allgemeiner „Standard selektiver Orientierung“, eine Orientierungslinie und Generalmotivator des menschlichen Handelns.“[40]

Auch bedingt durch die stetige Steigerung des Wohlstands wachsen die Ansprüche und Erwartungen über die seinerzeitigen Vorstellungen der Lebensgestaltung hinaus. Die Gesellschaft muss sich auf individuelle Lebensformen und das Verlangen nach Anpassungsfähigkeit in jeder Lebenslage einstellen.[41] Grenzen zwischen Berufs- und Privatleben verschwimmen immer mehr.
Im Laufe der vergangenen Jahre wurde das Angebot für die Freizeitgestaltung immer größer. Neben zahlreichen Unterhaltungsmöglichkeiten, wie Freizeitparks, Schwimmbäder und gesellschaftlichen Veranstaltungen (Feste etc.) werden etliche Fitness-, Koch- und andere Gruppenkurse angeboten. Durch die vorgenannte Konnektivität steht jeder Einzelne ständig in Kontakt mit Mitmenschen oder Organisationen und gestaltet so seine Freizeit.
Durch die vielen Möglichkeiten und den regen Austausch an Informationen, teilweise international und interkontinental erfährt der Beschäftigte von Möglichkeiten der Arbeitsgestaltung in anderen Ländern und der dortigen Chancen auf Vereinbarkeit

---

[39] Vgl. Hepp/Krotz/Moores/Winter, 2006, S.13 u. Torp, 2005, S. 14

[40] Orkiszewska, 2010, S. 3

[41] Vgl. Orkiszewska, 2010, S. 8

von Privat- und Berufsleben. Die Forderung, dies auch im eigenen Leben zu verwirklichen ist eine logische Folge daraus.

Der beschriebene Wandel an Werten und Vorstellungen bringt in der Arbeitswelt deutliche Auswirkungen mit sich. Die Resonanz wird vor allem im Personalwesen deutlich. Sie ist geprägt durch den Drang nach Unabhängigkeit und Selbstverwirklichung. Die Verwirklichung der eigenen Lebensziele und die Formung der Freizeit sind mehr und mehr ins Hauptaugenmerk gerückt.[42]

Als grundlegende Ursachen für diese Entwicklung sind die durchschnittlich deutlich höhere Bildung der Bevölkerung, die veränderte Altersstruktur der Gesellschaft, die Abkehr von den Existenzbedürfnissen zum ständig steigenden Komfort und u.a. auch die Medien zu sehen. Damit sich die Unternehmen dieser Entwicklung zeitgemäß anpassen können, müssen sie die Bedürfnisse der Arbeitnehmer verstehen, auf sie eingehen und diese, soweit möglich sinnvoll erfüllen. Diese Bestreben beziehen sich auf materielle, aber auch immaterielle Verhältnisse.[43]

Der Erfolg einer Zusammenarbeit jedweder Art geht mit dem Erkennen der Stärken und Schwächen des jeweiligen Individuums einher. Die Individualisierung einer jeden Person in der heutigen Gesellschaft beschreibt einen weiteren Megatrend, welcher eine Korrektur der bisher dagewesen Anschauung dieser Art in jeder Schicht der Gesellschaft, Wirtschaft und Politik mit sich bringt.

Mit dem Begriff Diversity-Management ist die Erkennung und Verwendung der Individuen gemeint. Unternehmen bzw. Führungskräfte heutzutage müssen die individuellen Stärken ihrer Mitarbeiter erkennen und fördern. Es ist ihre Aufgabe die Möglichkeit einer personenspezifischen Entwicklung und Entfaltung im Unternehmen durch Gewährleistung von angepassten Arbeitsbedingungen zu entwickeln.
Die unterschiedlichen Charaktere und deren Eigenschaften fordern verschiedene Anerkennungen und Wertschätzungen. Auch entstehen durch die vielen differierenden Qualifikationen und Kompetenzen jeweils andere Ansichten und Vorstellungen, welche jedoch berücksichtigt werden müssen, um für das Unternehmen einen entsprechenden Nutzen ziehen zu können. Die Notwendigkeit

---

[42] Vgl. Stopp, 2006, S. 13

[43] Vgl. Stopp, 2006, S. 15

eines Diversity-Managements ist eine mit der Entwicklung des Wertewandels verbundene Konsequenz.[44]

2.3. Politik

Die Bundesregierung und auch die Länder beschäftigen sich seit geraumer Zeit mit Möglichkeiten und Alternativen, den Einklang der beruflichen und privaten Lebensgestaltung zu unterstützen, aber auch den vorgenannten Folgen des demografischen Wandels entgegenzuwirken und auf die geänderten Wertevorstellungen einzugehen. Durch den starken Geburtenrückgang und den damit verbundenen vorgenannten demografischen Wandel zeigen sich insbesondere bei der Zahl der Erwerbstätigen die Auswirkungen dieser Problematik, welche zum Großteil auch auf die Problematik der Vereinbarkeit von Familie und Beruf zurückzuführen sind. Die Entscheidung für Familie und gegen den Beruf oder umgekehrt war und ist auch weiterhin ein sehr ernstzunehmendes Thema bei den Betroffenen. Die Regierung versucht nun, durch mehrere politische Maßnahmen, dieser Problematik entgegenzuwirken und, wenn möglich, eine nachhaltige Kehrtwende der vorbezeichneten Entwicklung zu erreichen und eine Entscheidung für die Familie zu fördern. [45]

Bezugnehmend auf die in Kapitel 2.1. aufgeführte Geschlechtergleichstellung, insbesondere auf dem Arbeitsmarkt ist zu erwähnen, dass auch die Bundesregierung diese Kehrtwende schon aus grundgesetzlichen Erwägungen unterstützen muss.
Im März 2015 wurde die viel diskutierte Frauenquote eingeführt. Diese Einführung gewährt die Möglichkeit, dass Frauen künftig häufiger Führungspositionen in Unternehmen, aber auch im Öffentlichen Dienst einnehmen können. Im internationalen Vergleich ist Deutschland, mit der Anzahl, was Frauen in Führungspositionen betrifft, weit im hinteren Bereich. 18,9 Prozent der Aufsichtsratsplätze und 5,7 Prozent der Vorstandsposten werden in Deutschland von Frauen bekleidet. Im Vergleich mit Norwegen, welches im Jahr 2006 bereits die Frauenquote eingeführt hat, besetzen 40 Prozent der berufstätigen Frauen führende Positionen.

Die Einführung der Frauenquote soll vor allem die Gleichberechtigung der Geschlechter auf dem Arbeitsmarkt fördern. Die bisher vorherrschende

---

[44] Vgl. http://wirtschaftslexikon.gabler.de/Definition/diversity-management.html, entnommen am 27.10.2016, um 17:00 Uhr

[45] Vgl. BFSFJ, 2016, http://www.bmfsfj.de/BMFSFJ/Familie/familie-und-arbeitswelt.html, entnommen am 08.06.2016, um 17:16 Uhr

Einschätzung, dass Frauen weniger Führungspositionen innehaben, weil sie sich für Kinder und Familie entscheiden, gilt als diskriminierend. Unternehmen sollen durch diese Quote gezwungen werden, neue, angepasste Arbeitsmodelle anzubieten. Auch soll die Einführung einer Frauenquote den Geburtenrückgang stoppen und somit dem Fachkräftemangel künftig nachhaltig entgegenwirken.
Deutschland und seine Unternehmen müssen familienfreundliche Arbeitsmodelle auch deshalb anbieten, weil es für die unternehmerische und wirtschaftliche Entwicklung sehr nachteilig wäre auf Frauen und ihre gewiss vorhandenen Potenziale zu verzichten. Die Frauenquote allein wird allerdings die voraufgeführten Probleme nicht lösen, insbesondere nicht, wenn herkömmliche Strukturen weiterverfolgt werden und zu Gunsten der gehobenen Arbeitsposition auf Nachwuchs und Familie verzichtet wird.
Ein langfristig angelegtes Ziel muss es sein, Eltern in Führungspositionen zu ziehen und die Arbeitsmodalitäten in gehobenen Stellen entsprechend familienfreundlich zu gestalten.[46]

Ein wichtiger Diskussionspunkt dagegen, welcher die Frauenquote wieder in Frage stellt, ist die Art und Weise, wie diese gesetzliche Einführung der Bundesregierung nach außen wirkt:

- Müssen Frauen wirklich per Gesetz unterstützt werden, um in Führungspositionen zu gelangen?
- Schaffen sie es nicht aus eigener Kraft?

Die Frauenquote kann tatsächlich die Wahrnehmung der tatsächlichen Bildung gefährden und die Qualifikation und Kompetenz der Frau insgesamt. Oberflächlich gesehen kann die Qualität der Frauen weniger wahrgenommen werden, wenn die Frau und der Führungsposition als Quotenfrau angesehen und bezeichnet wird.[47]

Mit Einführung des Programms „Vereinbarkeit von Familie und Beruf gestalten" setzte das Bundesministerium für Familie, Senioren, Frauen und Jugend einen aktuellen Schwerpunkt. Es sollen Möglichkeiten geschaffen werden, gemeinsam mit Sozialpartnern, Arbeitgeber- und Wirtschaftsverbänden der kommunalen Ebene und

---

[46] Vgl. https://www.bundesregierung.de/Content/DE/Artikel/2015/03/2015-03-06-frauenquote.html, siehe dazu auch http://www.tagesspiegel.de/politik/pro-und-contra-pro-es-braucht-neue-strukturen/6290032-2.html, entnommen am 28.10.2016, um 12:07 Uhr

[47] Vgl. https://www.bundesregierung.de/Content/DE/Artikel/2015/03/2015-03-06-frauenquote.html, siehe dazu auch http://www.tagesspiegel.de/politik/pro-und-contra-pro-es-braucht-neue-strukturen/6290032-2.html, entnommen am 28.10.2016, um 12:07 Uhr

anderen Mitwirkenden eine familien- und freizeitfreundliche Arbeitswelt zu ermöglichen. Verschiedene Förderprogramme werden unterstützt, um die bereits gesponnenen Netzwerke weiter zu stärken.[48]

Das Unternehmensprogramm „Erfolgsfaktor Familie““ dient regionalen und nationalen Unternehmen, den Nutzen der Familienfreundlichkeit und der Umsetzung zu erkennen. Auch werden bundesweit Einrichtungen betrieblicher Betreuungsplätze für Kinder gefördert.[49]

Seit dem 01.01.2007 ist das Bundeselterngeld- und Elternzeitgesetz in Kraft. Das Elterngeld soll den Eltern helfen, welche ihr Kind die ersten 14 Monate selbst betreuen und dadurch auf die Ausübung ihrer beruflichen Tätigkeit ganz oder teilweise verzichten. Die Elternzeit ermöglicht es sowohl Müttern als auch Vätern, sich die Zeit zur Betreuung ihres Kindes zu nehmen, aber beruflich deshalb nicht zurücktreten zu müssen. Dies ist bis zur Vollendung des dritten Lebensjahres des Kindes möglich.[50]

Im Jahr 2013 wurde mit dem § 24 SGB VIII ein Rechtsanspruch für Kinder ab Vollendung des ersten Lebensjahres bis zur Vollendung des dritten Lebensjahres auf einen Platz in einer Kindertagesstätte oder einer Tagesmutter gesichert, damit den Eltern u.a. die Möglichkeit geboten wird, einer beruflichen Tätigkeit nachzugehen.[51]
Mit einem Urteil des Bundesgerichtshofes im Oktober 2016 wurde dieser Rechtsanspruch noch gestärkt, in dem den Erziehungsberechtigten, welche durch Mitverantwortung der Kommune zum Wunschtermin kein Betreuungsplatz angeboten werden kann, Ersatz für durch diese Vermeidung der Erwerbstätigkeit entgangenes Gehalt zusteht. Dieses Entgelt hat die Kommune zu tragen.[52]

Bereits in den 80er Jahren erkannte die Bundesregierung die Notwendigkeit, der Einführung eines Krankengeldes bei Erkrankung des Kindes und dem damit verbundenen Fernbleiben von der Arbeitsstätte. Mit der Einführung dieses Gesetzes

---

48 Vgl. ebenda

49 Vgl. ebenda

50 Vgl. BMFSFJ, 2016, http://www.bmfsfj.de/BMFSFJ/Familie/familie-und-arbeitswelt.html, entnommen am 08.06.2016, um 17:16 Uhr

51 Vgl. § 24 SGB VIII

52 Vgl. http://www.zeit.de/gesellschaft/familie/2016-10/bgh-eltern-koennen-schadenersatz-fuer-fehlenden-kitaplatz-bekommen, entnommen am 27.10.2016, um 10:49 Uhr

im Jahr 1988, welches im § 45 SGB V niedergeschrieben ist, wurde eine wichtige Unterstützung für Eltern auch in der deutschen Gesetzgebung fest verankert.

Danach stehen Versicherten Ansprüche auf Krankengeld bei Fernbleiben von der Arbeitsstätte zu, wenn deren Kind unter 12 Jahren bei Krankheit zu pflegen oder zu betreuen ist, sofern keine andere Person im Haushalt diese Tätigkeit übernehmen kann. Der Anspruch besteht für jährlich 10 Arbeitstage pro Kind (Alleinerziehende längstens 20 Arbeitstage) jedoch, auch bei mehreren Kindern, nicht mehr als 25 Arbeitstage pro Jahr (Alleinerziehende maximal 50 Arbeitstage).
Mit den familienfreundlichen Ausführungen in diesem Gesetz wird den Eltern als Arbeitsnehmer die Kinderbetreuung und Pflege, insbesondere bei Krankheit, deutlich erleichtert.[53]

Neben der Kinderbetreuung stellt das Thema „Pflege von bedürftigen Angehörigen" auch einen weiteren Pfeiler bzgl. der Problematik Vereinbarkeit von Familie und Beruf dar. Aufgrund des demografischen Wandels rückt die Bedeutung dieser weitverbreiteten Problematik immer mehr in den Vordergrund.

Im Januar 2015 hat die Bundesregierung, unter dem Wirken des Bundesministeriums für Familie, Senioren, Frauen und Jugend, ein Gesetz zur besseren Vereinbarkeit von Familie, Pflege und Beruf eingeführt. Dieses sieht vor, dass die Gegebenheiten des Pflegezeitgesetzes sowie des Familienpflegezeitgesetzes enger miteinander verflochten und entsprechend weiterentwickelt werden. Das Gesetz enthält flexiblere Regelungen für Pflege, Betreuung und Begleitung von nahen Angehörigen. Unter anderem wird den Betroffenen ermöglicht, sich 10 Tage eine Auszeit aus der Beschäftigung zu nehmen, um die Pflegesituation der Angehörigen organisieren zu können. Dies wir mit einer Lohnersatzzahlung bewerkstelligt.
Auch haben Betroffene Anspruch auf ein zinsloses Darlehen, sofern sie sich auf eine bis zu sechsmonatige teilweise oder vollständige Freistellung entscheiden. Weiter ist es möglich, Rentenansprüche aus der Pflegezeit zu erheben.[54]

2.4. Familienfreundlichkeitsindex / Abgleich zu Norwegen und Frankreich

Die Problematik „Vereinbarkeit des beruflichen und privaten Alltags" ist auch in vielen anderen Ländern ein großes Thema.

---

[53] Vgl. Bundesministerium der Justiz und für Verbraucherschutz, § 45 SGB V

[54] Vgl. BMFSFJ, 2014, http://www.bmfsfj.de/BMFSFJ/Service/volltextsuche,did=212060.html, entnommen am 08.06.2016, um 17:38 Uhr

Aus dem Familienfreundlichkeitsindex (vgl. Abbildung 7) geht hervor, dass Deutschland in Punkto Familienfreundlichkeit lediglich einen mittleren Platz belegt. Führende Nationen sind hier die skandinavischen Länder.

Im Rahmen des Familienfreundlichkeitsindex des Instituts der deutschen Wirtschaft in Köln wird untersucht, wie intensiv familienpolitische Instrumente eingesetzt werden und mit welcher Zuverlässigkeit die gesetzten familienpolitischen Ziele erreicht werden. Diese Studie erlaubt den Ländervergleich von Stärken und Schwächen in verschiedenen Aktionsfeldern.

Anhand eines Rankings, welches den Ablauf der Zeit beinhaltet, werden Rückschlüsse auf die zeitliche Entwicklung in dem jeweiligen Land sichtbar. Als führend gehen hier insgesamt die skandinavischen Länder hervor. Deutlich erkennbar ist, dass gesellschaftlich und wirtschaftlich vergleichbare Länder wie Norwegen, Finnland, Schweden, Dänemark, aber auch noch Frankreich und die Niederlande deutlich vor Deutschland liegen.[55]

	Familienfreundlichkeitsindex 2006/07	**Veränderung in Punkten gegenüber 2001/02**
Finnland	73,7	2,1
Schweden	73,6	-1,5
Norwegen	73,2	2,9
Dänemark	71,8	0,6
Niederlande	60,8	2,7
Frankreich	57,8	1,3
Belgien	56,6	-1,9
Großbritannien	53,6	2,2
Österreich	51,3	-1,8
Schweiz	48,0	4,5
Irland	47,3	4,3
Deutschland	45,0	4,6
Portugal	44,5	-0,6
Tschechien	40,4	-4,1
Ungarn	38,6	-3,8
Polen	38,5	-6,2
Italien	29,9	-1,1
Spanien	28,2	7,8
Griechenland	28,1	-1,7

[56] **Abbildung 7: Familienfreundlichkeitsindex**

[55] Vgl. http://www.iwkoeln.de/studien/iw-analysen/beitrag/laura-christin-diekmann-axel-pluennecke-familienfreundlichkeitsindex-62499, entnommen am 13.11.2016, 18:04 Uhr

[56] Vgl. ebenda

Norwegen vereint einen hohen Anteil berufstätiger Frauen, mit einer der höchsten Geburtenraten der westlichen Welt, zusammen mit einer sich positiv entwickelnden Wirtschaft.
Die Ursache dieser ökonomischen Entwicklung liegt nicht nur in den Öl- und Gasvorkommen, sondern in der Organisation von Gleichstellung- und Familienleben von öffentlicher Seite aus. Dadurch kann die Nation seine gesamte Arbeitskraft nutzen. Die Einführung der Väterquote im Jahre 1993, welche einen Teil der Elternzeit und des Elterngeldes den Vätern vorbehält, schafft die Voraussetzung für Frauen, früher in das Berufsleben zurückzukehren.

Ein flexibles Berufsleben ermöglicht zudem das norwegische Anstellungsgesetz. Dieses gibt Müttern die Chance, sich für die Zeit des Stillens oder zur Betreuung des Kindes im Krankheitsfall vom Berufsalltag freistellen zu lassen. Der Einklang von Familie und der beruflichen Karriere wird unterstützt durch die per Gesetz gesicherte Kindergartenplatzgarantie samt Hortbetreuung nach der Schule und in den Ferien.[57]
Eine Entwicklung, die nicht zuletzt die Folge der bereits im Jahr 1978 in Kraft getretenen Gesetze gegen Diskriminierung und Geschlechtergleichstellung ist.

Bereits im Jahr 2003 wurde die gesetzliche Frauenquote beschlossen, welche im Jahr 2006 eingeführt wurde. Sie besagt, dass mindestens 40 Prozent aller Ausschussmitglieder in den Firmengremien weiblich sein müssen.[58] Als Resultat der vorgenannten politischen Maßnahmen ist zu erwähnen, dass die Fertilitätsrate in Norwegen bei 1,85 Kindern pro Frau liegt. In Deutschland liegt diese Rate, wie bereits in Kapitel 2.1. erwähnt, bei 1,50 Kindern pro Frau. Ein fördernder Punkt für diese positiven Werte ist, dass 47 Prozent aller Arbeitnehmer in Norwegen von zu Hause aus arbeiten können; bei Arbeitnehmern in höheren Positionen sind es sogar 60 Prozent.
Im Vergleich zu Deutschland, beträgt diese Quote ungefähr 25 Prozent, was einen deutlichen Unterschied darstellt. Es liegt auf der Hand, dass auch diese Entwicklung sich enorm auf die Geburtenanzahl auswirkt.[59]
Ein weiterer Punkt, welcher im Zusammenhang mit der geführten Familienpolitik zu erwähnen ist, ist die Quote der erwerbstätigen Frauen im gebärfähigen Alter. In

---

[57] Vgl. http://www.norwegen.no/News_and_events/germany/policy/Likestilling-er-nokkelen-til-okonomisk-vekst-i-Norge/#.WBNd, entnommen am 29.10.2016, um 10:52 Uhr

[58] Vgl. http://www.norwegen.no/News_and_events/germany/policy/Likestilling-er-nokkelen-til-okonomisk-vekst-i-Norge/#.WBNd, entnommen am 29.10.2016, um 10:52 Uhr

[59] Vgl. ebenda

Norwegen liegt diese bei 74 Prozent, in Deutschland beträgt sie lediglich 65 Prozent.[60]

Naturgemäß spielt dieses Thema, wie „die berufliche und private Lebensgestaltung in Einklang zu bringen ist“ auch in Frankreich eine ganz große Rolle. Dort liegt dieser Problematik jedoch eine lange Überlieferung und Geschichte zugrunde. Mit der Ammentradition aus dem 17. Jahrhundert, welche sich bis weit ins 20. Jahrhundert erstreckte, wurden überwiegend in wohlhabenden Familien die Neugeborenen weg von der Mutter zu einer Amme gegeben und erst nach zwei oder drei Jahren wieder zurück in die Familien geholt.
Der Hauptgrund dafür war, dass die Mütter zügig wieder schwanger werden sollten, um auch zahlenmäßig den Familienstand zu sichern. Empfängnisverzögernde Maßnahmen, wie Stillen, sollten damit umgangen werden. Aus dieser weitverbreiteten Umgangsform heraus, ist die Betreuung des Kindes durch „fremde Hand“ seit je her in Frankreich eher überliefert. Die Mütter sind mit der Versorgung der Kinder weniger konfrontiert und haben daher oft drei bis vier Kinder. [61]

Aber auch die Politik erleichtert dort den Familien mit mehreren Kindern die finanziellen Situation spürbar. Die Steuerbelastung wird ab drei Kinder merklich gesenkt und die Kosten für Kinderkrippe, Kindergärten oder Tagesmütter erheblich vom Staat unterstützt. Außerdem zahlt der Staat erst ab dem zweiten Kind Kindergeld. Anreize für „Väter-Monate“ gibt es in Frankreich nicht. Die Kindererziehung obliegt hier fast ausschließlich den Frauen.[62]
Dennoch hält die Steigerung der Berufstätigkeit der Frauen in Frankreich fortwährend Einzug. Über 60 Prozent, der Mütter mit Kindern über 6 Jahren gehen in Vollzeitbeschäftigung ihrem Beruf nach. Im Vergleich zu Deutschland mit einer Zahl von 12 Prozent, ein deutlicher Unterschied. Bei den Französinnen ist die Fremdbetreuung, aufgrund ihrer eigenen Erfahrung besser verankert, als bei Frauen hierzulande. [63]

---

[60] Vgl. https://de.statista.com/statistik/daten/studie/164546/umfrage/erwerbstaetigenquote-von-frauen-in-verschiedenen-laendern/, entnommen am 29.10.2016, um 12:03 Uhr

[61] Vgl. http://www.zeit.de/2013/37/frankreich-kinder-staatliche-fruehfoerderung/seite-3, entnommen am 13.11.2016, um 18:42 Uhr

[62] Vgl. http://www.ambafrance-de.org/Familiensplitting-Eine-haushaltsgerechte-Einkommensbesteuerung, entnommen am 18.12.2016, um 13:43 Uhr

[63] Vgl. http://www.zeit.de/2013/37/frankreich-kinder-staatliche-fruehfoerderung/seite-3, entnommen am 13.11.2016, um 18:42 Uhr

Haben deutsche Frauen oft moralische Probleme mit der Fremdbetreuung der Kinder, so kann diese Handhabe in der französischen Gesellschaft auf ein deutlich herkömmlicheres Ansehen verweisen. Jedoch ist diese Entwicklung nicht nur positiv zu bewerten. Die Zahl der an Depressionen erkrankten Franzosen gilt im Länderdurchschnitt als auffallend hoch. Auch klagen viele Franzosen über die fehlende Bindung zu den Eltern bzw. der Familie. [64]

Laut der Pisa-Studie aus dem Jahr 2002 schnitt Frankreich zwar merklich besser ab als Deutschland, was aber eine umstrittene Ursache hat. Französische Kinder erhalten bereits im Alter von drei Jahren schulische Frühförderung, welche vergleichbar ist mit der, der deutschen Kindern im Vorschulalter. Dies führt offenbar zu einem erheblichen Druck auf die Kinder, sodass diese häufig an Schlaf- und Entwicklungsstörungen leiden. Das familienpolitische Konzept in Frankreich zeigt zwar in den Themen „Nachwuchs" sowie „Familie und Beruf" deutlich höhere Zahlen auf als vergleichbar in Deutschland, doch offenbart die beschriebene Entwicklung auch, dass die reine Bevorzugung von Quantität ohne Berücksichtigung ethnischer Werte auf Dauer viele Schwierigkeiten (wie bereits vorgenannt) mit sich bringt.
Der Familienfreundlichkeitsindex zeigt hier deutlich auf, dass sich nicht alle benutzten und gemessenen Parameter positiv auf die Gesellschaft der jeweiligen Nation auswirken.[65]

2.5 Zusammenfassung Kapitel 2

Der Begriff Work-Life-Balance hat in den vergangenen Jahren zunehmend an Bedeutung gewonnen. Dies ist nicht lediglich eine Modeerscheinung. Die Ursachen dahinter liegen viel tiefer und haben sich teilweise über Jahre entwickelt und etabliert.

Der in der Gegenwart umstrittene demografische Wandel und der sich daraus entwickelnde geänderte Umgang mit der Gesundheit ist als fundamentalste Auswirkung auf die stets wachsende Forderung nach Vereinbarkeit der beruflichen und privaten Lebensgestaltung zu sehen. Die Personalpolitik der Unternehmen muss sich auf die Gegebenheit der alternden Belegschaft einstellen und Arbeitsmodelle entwickeln, welche dieser Sachlage gerecht werden.

---

[64] Vgl. http://www.zeit.de/2013/37/frankreich-kinder-staatliche-fruehfoerderung/seite-3, entnommen am 13.11.2016, um 18:42 Uhr

[65] Vgl. http://www.zeit.de/2013/37/frankreich-kinder-staatliche-fruehfoerderung/seite-3, entnommen am 13.11.2016, um 18:42 Uhr

Auch gilt es als unumgänglich, ein zielgerichtetes und weitumfassendes Gesundheitsmanagement in den Unternehmen, aber auch im Öffentlichen Dienst einzuführen. Es besteht ein enger Zusammenhang zwischen einem ausgeglichenen und von Beginn an anforderungsgerechten Berufsleben und dem Erhalt der Gesundheit, insbesondere im Alter. Viele Arbeitnehmer erkranken im Verlauf ihres Berufslebens an psychischen Leiden oder sind im Alter auch körperlich nur mehr wenig belastbar.
Im Hinblick auf die Folgen des demografischen Wandels gilt dies als eine große Herausforderung, die es zu meistern heißt. Den Auswirkungen des demografischen Wandels, vor allem im Gesundheitsbereich, kann durch gezielte Förderung des individuellen Mitarbeiters und Einführung von flexiblen Arbeitsmodellen auf lange Sicht wirksam entgegengewirkt werden.
Bei Reduzierung des zeitlichen und psychischen Drucks von Beschäftigten und gleichzeitiger Nutzung seiner Stärken kann für den Arbeitnehmer das gesundheitliche Wohlbefinden sogar steigen und für die Beschäftigen ein wirtschaftlicher und im Hinblick auf den gesellschaftlichen Wandeln auch ein zeitlicher Vorteil erwachsen.

Dagegen zählen neben dem demografischen Wandel und seinen Folgen auch andere Faktoren als Ursache für das Streben nach Work-Life-Balance.
Die Einstellung und Ansichten dazu haben sich in allen Schichten der Gesellschaft grundlegend verändert. Das ursprüngliche Modell „Hausfrauen und männlicher Versorger“ ist überholt. Die Gleichstellung der Geschlechter am Arbeitsmarkt ist weit fortgeschritten. Die Zahl der erwerbstätigen Frauen, mit schulisch guten Qualifikationen hat sich deutlich verbessert. Diese Entwicklung bedeutet aber auch, dass die Frage nach der Kinderbetreuung ein zentrales Thema in der Gesellschaft geworden ist.
Unternehmen, aber auch die Politik müssen deshalb Alternativen zu den herkömmlichen Arbeitsmodellen einführen und anbieten. Den Arbeitnehmern der gegenwärtigen Zeit müssen echte und zumutbare Chancen geboten werden, das Familienleben, die Betreuung der Kinder und die beruflichen Pläne in Einklang zu bringen.

Nicht nur das Ziel der Familiengründung durch die Beschäftigen, auch der drohende Geburtenrückgang, die immer noch nicht vollständige Umsetzung der Gleichstellung der Frau und die sich geänderten Wünsche und Möglichkeiten der Freizeitgestaltung fordern vom Arbeitsmarkt, der Gesellschaft und der Politik ganz entschieden eine Änderung der bisherigen Gestaltung des Berufslebens.

Beschäftigte legen Wert auf Flexibilität, Unabhängigkeit, persönliche Förderung und Entfaltung. Aufgrund der Globalisierung und Vernetzung der Arbeitnehmer mit Mitmenschen und Organisationen über die Ländergrenzen hinweg, wächst die Erwartung der Beschäftigten nach Selbstverwirklichung kontinuierlich.
Dem Wohlstand und zugleich den Folgen des demografischen Wandels (Alterung der Gesellschaft und Fachkräftemangel aufgrund sinkender Geburtenraten) ist es geschuldet, dass den Arbeitnehmern diese Haltung legitim erscheinen lässt.

Das Beschäftigungspersonal befindet sich aktuell in einer anderen Ausgangslage gegenüber dem Arbeitgeber, als dies vor Jahrzehnten der Fall gewesen ist.
Der Durchschnitt in der modernen Gesellschaft besitzt eine deutlich bessere Schulbildung und Berufsausbildung als noch vor Jahren. Gleichzeitig erscheint die Bedeutung der privaten Lebensgestaltung in der aktuellen Zeit immer mehr auf Augenhöhe mit dem Karrieregedanken und dem Berufsleben. Gemäß dem Fazit „im Beruf das Geld verdienen, um meine Freizeit zu gestalten" (work to live") werden anpassungsfähige Arbeitszeiten, aber auch –orte gewünscht. Für die künftige wirtschaftliche Entwicklung auf dem Arbeitsmarkt ist es ein wichtiger Faktor geworden sich auf diese Lebenspläne und -wünsche einzustellen, diese zu akzeptieren und Gestaltungsmöglichkeiten anzubieten.

Auch an der Politik ging diese Entwicklung nicht spurlos vorüber. Der deutliche Geburtenrückgang der letzten Jahrzehnte und der damit einhergehende demografische Wandel sowie der Wertewandel in der Gesellschaft, hervorgerufen durch die in Kapitel 2.2. näher aufgeführten Megatrends, veranlassten die Bundesregierung zu neuen Regelungen.
Zahlreiche Programme zur Förderung der Familienpolitik sowie zur Geschlechtergleichstellung wurden beschlossen und großteils als Gesetze verabschiedet.
Die Einführung einer Frauenquote auf Vorstandsebenen der Unternehmen, die gesetzliche Sicherung auf einen Platz in einer Kindertageseinrichtung sowie viele anhängende Programme des Bundesfamilienministeriums sollen es ermöglichen, sich dem Trend anzupassen, die Gesellschaft darin stärken und dem sich ändernden Alterskegel und den damit verbundenen Folgen und Gefahren entgegenzuwirken.

Ein Vergleich zu einem in der Familienpolitik führenden Land wie Norwegen zeigt, dass Maßnahmen zur Unterstützung der Familien durchaus positiv zur Gesamtentwicklung der Wirtschaft bzw. Gesellschaft beitragen. Durch die teils früh erkannten Problematiken und die daraufhin von der Regierung eingeführten Gesetze und Programme ist die Geburtenrate in Norwegen (pro Frau) deutlich höher als in

Deutschland. Auch sind in Norwegen anteilig mehr Frauen im erwerbs- und gebärfähigen Altern berufstätig als in Deutschland. Die Möglichkeit der Heimarbeit wird dort ebenfalls vermehrt angeboten und auch wahrgenommen.

Damit auch in Deutschland den vorgenannten negativen Trends und Entwicklungen entgegengewirkt bzw. die positiven Eigenschaften daraus gezogen werden können, müssen in erster Linie neben der Politik, auch die Unternehmen in ihrer Eigenschaft als Arbeitgeber noch mehr als bisher umdenken.

3. Entgegenwirkung im beruflichen Alltag

3.1. Reaktionsmöglichkeiten für Unternehmen im Allgemeinen

Damit Unternehmen gegenwärtig den Entwicklungen auf der Arbeitnehmerseite gut begegnen können, müssen sie sich den Gegebenheiten anpassen, Alternativen entwickeln und Lösungen suchen, anbieten und umsetzen.

Seit einigen Jahrzehnten streben vermehrt auch Frauen nach guter Schulbildung, Ausbildung und Weiterbildung. Sie eifern nach beruflichen Erfolgen und suchen nach Lösungen, diese verwirklichen zu können und gleichzeitig eine Familie zu haben.
Festzustellen bleibt in diesem Zusammenhang auch der Status Quo der Gleichberechtigung, der in der Wirtschaft noch nicht den Stand erreicht hat, wie die Gesellschaft und auch das Grundgesetz ihn beschreibt und wünscht. Trotz der Tatsache, dass Frauen mittlerweile mindestens ebenso gut gebildet sind wie Männer, ist es immer noch schwerer für sie insbesondere an Führungspositionen zu gelangen. Es gilt weiterhin als Handicap einer Frau im gebärfähigen Alter zu sein.
Unternehmen fürchten die Abwesenheit von Frauen während der ersten Zeit nach der Geburt und in der Folge weiter, dass eben die Mutter dringender zu Hause gebraucht werden könnte. Beruflicher Erfolg bei Frauen bedeutet nach wie vor häufig die Rückstellung der Familienplanung und umgekehrt.[66] Durch die Einführung der Frauenquote ist die Politik in Punkto Gleichberechtigung ein Stück weitergegangen. Die Unternehmen müssen nun diesen Weg fortsetzen.
Es sind Lösungen zu finden, wie Frauen in Unternehmen auch in höheren Positionen eingebunden und gesichert werden können. Es ist erforderlich geeignete Möglichkeiten zu entwickeln, wie gute Betreuung von Kind und Familie mit der Ausführung einer qualifizierten Arbeit zusammenwirken kann.

---

[66] Vgl. Chernoruk, 2012, S. 4

Auch die Tatsache, dass die Bevölkerung in Deutschland in den nächsten Jahren deutlich altern und auch schrumpfen wird, stellt für die Unternehmen eine Herausforderung dar. Sie müssen auf diese Entwicklung reagieren. Wie bereits in Kapitel 2.2. näher beschrieben, bedeutet eine Alterung der Gesellschaft auch anteilig eine Alterung der Arbeitnehmerschaft. Für die Wirtschaft ergibt sich damit die Aufgabe, auch älteren Arbeitnehmern die Möglichkeit zu bieten eine Tätigkeit auszuüben, die sie physisch und psychisch nicht überfordert. Die Wirtschaft ist also primär angehalten, die demografischen Veränderungen zu erkennen und präventive Maßnahmen zu entwickeln, um künftig wettbewerbsfähig zu bleiben. Auch haben sich bereits einzelne Unternehmen aufgrund der schrumpfenden Bevölkerungszahl auf sinkende Märkte eingestellt.[67]

Durch Einführung von flexiblen Arbeitszeit- und Arbeitsortmodellen können unzweifelhaft qualifizierte Arbeitskräfte leichter gehalten werden. Künftig wird es noch wichtiger werden gute Arbeitskräfte zu binden und zu fördern, da der Fachkräftemangel nur eine der vielen einschneidenden Faktoren des demografischen Wandels darstellt. Dazu muss von den Unternehmen gewährleistet werden können, dass Arbeitnehmer zeitlich und örtlich flexibel genug sind, etwa nahe Angehörige zu pflegen, Kinder zu betreuen und damit ein humanes Familienleben zu bewerkstelligen.

Darüber hinaus treten durch den generellen Wertewandel Forderungen nach Flexibilität, Individualität und ggf. Mobilität noch weiter in den Vordergrund. Aufgrund dieser Herausforderungen ist eine Veränderung der Arbeitsverhältnisse nicht mehr aufzuhalten.
Durch die von großen Unternehmen eingeführten „Diversity-Management-Programme“ wird auf die Individualität der Mitarbeiter eingegangen. Die Essenz der heutigen Zeit liegt eben im Humankapital. Gut ausgebildete und qualifizierte Arbeitskräfte werden aufgrund der durch den Zeitenwandel verursachten Schrumpfung der Gesellschaft immer wichtiger und seltener. Daher gilt es als Hauptaufgabe der Unternehmen, Mitarbeiter mit entsprechenden Förderungen und Angeboten zu halten und neue zu locken. Gutes Personalmanagement wird künftig das wichtigste Attribut eines Unternehmens darstellen.

Unter der bereits angesprochenen Individualität versteht man das Eingehen auf die einzelnen „individuellen“ Lebensphasen des jeweiligen Mitarbeiters (z.B.

---

[67] Vgl. Kay / Kranzusch / Suprinovič, 2008, S. 83

berufsbegleitende Studiengänge, Förderung von Jungfamilien). Im Mittelpunkt stehen die Arbeitnehmer und ihre Bedürfnisse der Generation Y.[68]

Neben den durch jeden persönlich zu verantwortenden Aufgaben wie Ausgleich zur Arbeit und Optimierung des Zeitmanagements, welche zur Verbesserung der Work-Life-Balance beitragen, ist dies in der Praxis meist nur dann umsetzbar, wenn das beschäftigende Unternehmen die Vorraussetzungen dafür schafft.

Die Dringlichkeit, den Einklang des Privat- und Berufslebens herzustellen, muss schon in der Führungsebene erkannt werden. Die Führungskraft muss begreifen, dass die Motivation, Leistungsfähigkeit und Gesundheit der Beschäftigten und somit kausal auch der Unternehmenserfolg von den Arbeitsbedingungen der Arbeitnehmer abhängt.

Wie in Kapitel 2 näher erwähnt, befindet sich die Arbeitswelt in einem enormen Umbruch. Die Forderungen und Vorstellungen der Beschäftigten ändern sich und wachsen, wohingegen die Stellung des Arbeitsgebers von einer fordernden in eine anbietende Rolle wechselt. Die Sozialkompetenz der Führungskraft ist gezwungen, diese weitreichenden Veränderungen aufzunehmen. Negative Einstellungen gegenüber Maßnahmen zur Verwirklichung von Vereinbarkeit des Privat- und Berufslebens können sich durch die Förderung und Entwicklung der Sozialkompetenz wenden und bessern. Die Vermittlung von Verständnis für die Empfindungen und Bedürfnisse der Mitarbeiter ist ein unverzichtbarer Schritt.

Der permanente Zeit- und Leistungsdruck aus der Führungsriege sowie zu wenig Verständnis und spezifische Förderung des eigentlichen Potenzials des Mitarbeiters wirken sich keineswegs positiv auf die Fähigkeiten und Leistungen des Beschäftigten aus. Der Vorgesetzte muss akzeptieren, dass eine zeitlich angepasste Organisation mit viel Sozial- und Führungskompetenz nötig ist und eben nur dann eine dauerhaft erfolgreiche Zusammenarbeit von Unternehmen und Beschäftigten ermöglicht.[69]

Neben der vorgenannten Führungskompetenz dient auch die Schulung und Fortbildung der Mitarbeiter zur Vorbeugung von Überforderung derer und der besseren Vereinbarkeit von privaten und beruflichen Zielvorstellungen. Durch Aus- und Weiterbildungen steigert sich die Leistungsstärke, insbesondere der Umgang mit

---

[68] Vgl. Kurzmann, 2013, S. 4

[69] Vgl. http://www.zeitblueten.com/news/work-life-balance-unternehmen/, entnommen am 05.11.2016, um 11:45 Uhr; vgl. hierzu auch Dorniok, 2014 S. 63

Anforderungen und Druck. Dies wiederum schafft Erfolg im Beruf und beugt durch die damit entstehende Zufriedenheit des Beschäftigten gesundheitlichen Problemen und Leistungsabfall vor.[70]

Die vorgenannte Führungs- und Leistungskompetenz hat allerdings nur geringe Auswirkungen auf den Einklang von Privat- und Berufsleben, wenn die Rahmenbedingungen dafür einfach nicht geschaffen werden. In nachfolgendem Kapitel 4 werden explizite Möglichkeiten zur Schaffung eines geeigneten Rahmens genannt.

3.2. Handlungsempfehlungen für die Praxis

Die Vereinbarkeit der beruflichen und privaten Lebensgestaltung stellt für Personen mit Familie und einem anspruchsvollen, mitunter oft zeitintensiven Beruf oft eine unlösbare Aufgabe dar. Unternehmen sind daher gefordert und gut beraten, Möglichkeiten und Alternativen anzubieten, diese Misere abzuschwächen.
Familienfreundlichkeit in Unternehmen wird bei jungen Arbeitnehmern bzw. Familien hoch geschätzt und ist ein wichtiges Entscheidungskriterium für oder gegen einen Arbeitgeber geworden. Mehr als 90 Prozent aller Beschäftigten mit Familie im fraglichen Alter lassen der Familienfreundlichkeit eine mindestens genau so große Bedeutung zukommen, wie ausschließlich wirtschaftliche Überlegungen.
Das Bemühen, jungen Familien die Vereinbarkeit von Familie und Beruf leichter zu ermöglichen, steigert insgesamt nicht nur das Image des Unternehmens, sondern wirkt sich auch gewinnbringend für den Betrieb aus, weil das Wissen und die Fähigkeiten der Mitarbeiter sowie deren Erfahrung lange Zeit im Haus gehalten werden können.

Familienfreundlichkeit ist längst zu einem wichtigen und nicht selten entscheidenden Wettbewerbsfaktor auf dem Arbeitsmarkt geworden.

Nun stellt sich die Frage:

- Welche konkreten Maßnahmen sind attraktiv für Familien und pflegende Angehörige?
- Welche passen in den Betrieb und sind praktisch umsetzbar?[71]

---

[70] Vgl. Hügens, 2008, S. 530

[71] Vgl. Bayerisches Staatsministerium für Arbeit und Soziales, Familie und Integration, Flexibilität für Familien, 2016, Startseite, http://www.kompetenzgewinn.bayern.de/flexibilitaet/situation/index.php, entnommen am 06.11.2016, um 13:37 Uhr

Bevor über geeignete Maßnahmen für Unternehmen eingegangen wird, ist zu klären, was sich hinter dem Begriff Familienfreundlichkeit im Unternehmen verbirgt.

Familienfreundlichkeit im Unternehmen bedeutet:

- den Bedarf für Menschen zu erkennen, welche die Betreuung von Kindern oder Angehörigen benötigen und Umsetzungsmöglichkeiten auszuarbeiten, die diese Belange berücksichtigen,

- die Anliegen der Mitarbeiter umfassend zu berücksichtigen und zu verstehen, weil die Ermöglichung von auf das Familienleben abgestimmten Arbeitsbedingungen einerseits die Motivation und somit auch Leistung der Mitarbeiter fördert und andererseits die Wertschätzung eben dieser Mitarbeiter für das Unternehmen steigert, was sich wiederum parallel auf den Erfolg und das Image des Unternehmens auswirkt.

Ein modernes Unternehmen muss auf die entsprechenden Lebensphasen und der damit zusammenhängenden Anforderung seiner Mitarbeiter Rücksicht nehmen und über Möglichkeiten, Regelungen und Angebote hierfür positiv informieren. Die Angebote für Eltern und pflegende Angehörige etwa sollen flexibel ausgestaltet sein. Auch muss der Arbeitgeber bzw. die Leitung erkennen, wann die Erziehung oder Pflege der Familie nicht ausschließlich durch den einen Partner erfolgen kann. Ein familienfreundliches Unternehmen unterstützt seine Mitarbeiter nachhaltig, dass berufliches und privates Leben in Einklang gebracht werden kann.

Die Kompetenz eines Unternehmens und damit der Führungskraft liegt also darin, die Grundproblematik nicht ausschließlich im jeweils Betroffenen zu sehen, sondern die gesamte Belegschaft oder dessen Team „als großes Ganzes“ einzubinden. Nur wenn die genannten Gesichtspunkte beachtet werden, kann Familienfreundlichkeit zum Erfolg für das Unternehmen und dessen Mitarbeiter führen.[72] Dabei kann sich jede Firma mit Wohlwollen und Angeboten diesem Thema stellen und positiv darauf einwirken.

Elternzeit/Elterngeld/Wiedereinstieg nach Elternzeit

In dem voraufgeführten Kapitel 2.3. wurde bereits erwähnt, dass die Politik ein Gesetz zur Einführung von Bundeselterngeld- und Elternzeit verabschiedet hat.

---

[72] Vgl. Bayerisches Staatsministerium für Arbeit und Soziales, Familie und Integration, Flexibilität für Familien, 2016, Startseite, http://www.kompetenzgewinn.bayern.de/flexibilitaet/situation/index.php, entnommen am 06.11.2016, um 13:37 Uhr

Nicht selten kommt es aber vor, dass Betriebe den betroffenen Eltern hier Steine in den Weg legen. Aufgrund erhöhtem Arbeitsaufkommen oder angeblicher Unentbehrlichkeit des entsprechenden Beschäftigten werden Wunscharbeitszeiten zu wenig ermöglicht oder erst mit viel Aufwand ermöglicht und genehmigt. Die gesetzlich festgelegte Elternzeit und der gesetzlich geregelte Anspruch auf Elterngeld sollte jedoch immer unterstützt werden, um damit die Entscheidung zur Familiengründung zu erleichtern.

Als Beispiel dienen Unternehmen, wie etwa die Audi AG, die ihre Mitarbeiter durch regelmäßig stattfindende Informationsveranstaltungen über rechtliche Regelungen bzgl. Elternzeit, Elterngeld etc. und deren Umsetzung in die Praxis informieren. Zudem bietet Audi über die gesetzliche Elternzeit hinaus das Programm „Familienzeit“ an, d.h. Betroffene können sich weitere vier Jahre der Familie widmen können. Gleichzeitig besteht u.a. eine Garantie auf einen Arbeitsplatz in vergleichbarer Position.

Die Audi AG unterstützt darüber hinaus Eltern beim Wiedereinstieg in das Berufsleben nach der Elternzeit. Sie bietet mit dem Programm „Job-& Familyprogram“ Beratungsgespräche mit Experten, Schulungen und Coachings an. Die Betroffenen werden zu Themen, wie Erwartungsmanagement, Selbstbild, IT-Kurse, aber auch zur Kindergesundheit belehrt und unterstützt. Außerdem hat sich in der Audi AG ein Forum gebildet, indem sich Kollegen in identischer Lebenssituation gegenseitig austauschen und beratschlagen können.[73]

Telearbeitsplatz

Je nach der spezifischen Arbeitssituation können dem Arbeitnehmer immer mehr auch Telearbeitsplätze angeboten werden. Ein Heimarbeitsplatz (ebenso Telearbeitsplatz oder Home-Office genannt) ermöglicht es den Beschäftigten, je nach der individuellen oder technischen Möglichkeit, auch von zu Hause für seinen Betrieb zu wirken.

Dabei ist zu unterscheiden in die

- Tele-Heimarbeit, in der vollständig von zu Hause aus gearbeitet wird,
- alternierende Telearbeit, welche den Wechsel zwischen Büroarbeitsplatz und Heimarbeitsplatz vorsieht oder
- mobile Telearbeit, die den ständigen Arbeitsstättenwechsel beinhaltet.

---

[73] Vgl. Homepage Audi AG, http://blog.audi.de/2015/11/06/mehr-zeit-fuer-die-familie/, entnommen am 06.11.2016, um 13:56 Uhr

Der Austausch mit Teampartnern oder Kollegen erfolgt jeweils über Präsenztermine, über Telefon, Email oder Videokonferenz. Sofern die Möglichkeit eines Telearbeitsplatzes wahrgenommen wird, werden jeweilige Telearbeitsplatzverträge geschlossen. Diese beinhalten neben den herkömmlichen Vereinbarungen über Gehalt, Wochenarbeitsstunden, Urlaubsanspruch, etc. auch Verklausulierungen bzgl. Tätigkeitsort, Anforderungen an die häusliche Arbeitsstätte, Arbeitsschutz, Kostenerstattung, Zugangsrechte, Haftung, Datenschutz und Verschwiegenheit.[74]

Als Vorteil eines Telearbeitsplatzes ist zu nennen, dass die Arrangements zwischen Familie und Beruf deutlich vereinfacht und gefördert werden können. Nachdem der Arbeitstag zeitlich flexibler gestaltet werden kann und die Zeit für Fahrten zur Arbeitsstätte eingespart wird, eröffnen sich neue Wege für den Einklang beider Lebensbereiche.

Ebenso ergeben sich durch diese Arbeitsgestaltung auch für den Arbeitgeber Vorzüge, weil sich dadurch die Attraktivität des Unternehmens steigert und somit die Mitarbeiterfluktuation reduziert wird. Darüber hinaus dürfen auch die Kosteneinsparungen für das Unternehmen durch die Verringerung von benötigen Büroflächen für Arbeitsplätze nicht übersehen werden. Die Einsparungen verbinden in aller Regel auch die Senkung von Verwaltungskosten der Unternehmungen.

Allerdings ist ein Telearbeitsplatz nicht für jedes Berufsbild bzw. jeden Beschäftigen eine umsetzbare Lösung. Durch Telearbeit und die damit verkürzte Präsenz im Unternehmen nimmt der Kontakt zu Kollegen und Teammitgliedern deutlich ab. Außerdem ist durch die Arbeit von zu Hause aus eine klare Trennung von Berufs- und Privatleben nicht immer einfach.
Zudem sind Ansporn und Motivation zur Steigerung der Leistung des Beschäftigten durch den Vergleich mit Kollegen und deren Potenzial oft nicht mehr im notwendigen Maß gegeben. Dies führt gegebenenfalls zu sinkender Arbeitsmoral und minderer Qualität der Arbeit.
Es gilt abzuwägen, ob die Einrichtung eines Telearbeitsplatzes sowohl die Interessen des Arbeitnehmers, als auch des Arbeitsgebers erfüllt und zielführend ist.
Möglicherweise verschlechtert sich durch die genannten Nachteile das Vertrauensverhältnis des Arbeitgebers zum Arbeitnehmer, was zur nachhaltigen Belastung der Beziehung zwischen den beiden Parteien führt.

---

[74] Vgl. Homepage Audi AG, http://blog.audi.de/2015/11/06/mehr-zeit-fuer-die-familie/, entnommen am 06.11.2016, um 13:56 Uhr

Betriebskindergarten / Verträge Belegplätze in Kindertagesstätten
Viele, meist große Firmen, ermöglichen beschäftigten Eltern sogar die Kinderbetreuung in betriebseigenen Kindergärten bzw. Kinderbetreuungseinrichtungen. Die Audi AG, aber auch die BMW Group, bieten beispielsweise eine Ganztagsbetreuung von bis zu 20 Kindern pro Gruppe an. Die Betreuungszeiten können flexibel und spontan bei evtl. stattfindenden Konferenzen etc. angepasst werden. Auch besteht die Möglichkeit einer Betreuung in den Ferienzeiten. Die Audi AG unterstützt Eltern darüber hinaus auch dabei Tagesmütter oder Au-pair-Betreuungspersonen zu finden.[75]

Die betriebseigenen Kindertagesstätten sind meist auf dem Firmengelände oder direkt in der näheren Umgebung angesiedelt und verhelfen den Arbeitnehmern die Betreuung der Kinder bis zum Schuleintritt zu arrangieren.
Viele Unternehmen bieten diese Angebote auch durch einen Verbund mit mehreren Firmen an. Jede der beteiligten Partnerfirmen sichert sich dabei ein festes Kontingent an Belegplätzen, welches von den Beschäftigten angenommen werden kann. Der Vorteil dieser Verbundlösung ist ein deutlich reduzierter finanzieller Aufwand, Belegungsschwankungen sind relativ leicht aufzufangen und das Unternehmen steigert sein Image durch dieses familienfreundliche Angebot.

Kleinere Unternehmen könnten dagegen mit nahegelegenen Kindertagesstätten oder Kindergärten z.B. der Kommunen kooperieren. Durch vertragliche Vereinbarungen können Belegplätze, welche an die Gegebenheiten in dem Unternehmen angepasst sind, für Mitarbeiter gesichert werden. Als Gegenleistung beteiligen sich die Unternehmen dann finanziell an diesen Einrichtungen und der Belegplätze. Diese finanzielle Unterstützung gilt im Regelfall als die deutlich günstigere Lösung für die besagten kleinen bzw. mittelständischen Unternehmen und der Betrieb kann trotzdem ein verlässliches Betreuungsarrangement schaffen.
Ein weiterer Vorteil ist, dass diese Belegrechte an verschiedenen Standorten erworben werden können und somit der Weg für Eltern zu den notwendigen Unterbringungen erleichtert wird. Auch muss das nötige Know-how für die Kinderbetreuung nicht im Unternehmen direkt angesiedelt sein, sodass die Konzentration auf sein Kerngeschäft zentralisiert wird. Der Gestaltungsspielraum ist relativ gering, jedoch liegt das Ausfallrisiko beim Betreiber.

---

[75] Vgl. Homepage Audi AG, http://blog.audi.de/2015/11/06/mehr-zeit-fuer-die-familie/, entnommen am 06.11.2016, um 13:56 Uhr

Die Megaware Computer GmbH aus Chemnitz z. B. hat folgende Ausgestaltung der Kinderbetreuung ins Leben gerufen:
Dort geht die Betreuung sogar so weit, dass die Öffnungszeiten dieser Einrichtung vollkommen flexibel an die beruflichen Gegebenheiten angepasst sind und sogar eine Übernacht- oder Wochenendbetreuung möglich ist. Die Betreuer bleiben so lange vor Ort, wie der Betreuungsbedarf es erfordert. Als Vorteil können sich die Eltern auf die Arbeit konzentrieren, ohne sich Sorgen um die Kinderbetreuung machen zu müssen.[76]

Teilzeit

Eine inzwischen sehr etablierte Möglichkeit der Arbeitszeitgestaltung im Einklang von Familie und Beruf ist die Teilzeitarbeit.
Dies bedeutet, dass die vereinbarte Arbeitszeit unter der Vollzeitbeschäftigung liegt. Insgesamt steigt die Zahl der Teilzeitbeschäftigten seit den 90er Jahren stetig an. Durch die flexiblen Gestaltungsmöglichkeiten bzgl. der Arbeitszeiten und dem dadurch entstehenden Freiraum, in dem man eben die Belange der Familie berücksichtigen kann, trägt diese Art der Arbeitszeitgestaltung erheblich zum Einklang der beruflichen und privaten Lebensgestaltung bei.

Sofern es die finanzielle Situation zulässt, ist dies für Arbeitnehmer eine gute Möglichkeit weiter am Arbeitsleben teilzunehmen.
Waren es im Jahr 1998 noch 3,5 Millionen Arbeitnehmer, welche in Teilzeit ihrer Beschäftigung nachgingen, erreichte diese Zahl im Jahr 2008 4,9 Millionen. Ein Anstieg um 39 Prozent. Als Grund für diese Zunahme ist zu erwähnen, dass im Jahr 2001 ein Rechtsanspruch auf Teilzeitbeschäftigung der Arbeitnehmer eingeführt wurde.

Der einleuchtendste Beweggrund für eine Teilzeitbeschäftigung liegt bei den unstrittig vorliegenden familiären Vorteilen. Über 50 Prozent aller Teilzeitbeschäftigen geben demnach als Grund die Betreuung von Kindern oder zu pflegenden Angehörigen an. Die familiären Verpflichtungen, wie die Instandhaltung des Haushaltes und die Gestaltung der Erholungszeiten gehen mit dem vorgenannten Punkt einher. Eine flexible Arbeitszeitgestaltung ist hier eine Dauererscheinung für die Anforderung an das Berufsleben geworden (Abbildung 8).[77]

---

[76] Vgl. Bundesministerium für Familie, Senioren, Frauen und Jugend, Unternehmen Kinderbetreuung, 2012, S. 12-14

[77] Vgl. Statistisches Bundesamt Deutschland, 2009, S. 1

[78]

Abbildung 8: Entwicklung der Teilzeitbeschäftigung

Die Teilzeitbeschäftigung ist eine Frauendomäne. Statistiken belegen, dass über 90 Prozent aller Teilzeitbeschäftigten Frauen sind, allerdings steigt jüngst die Anzahl der Männer, welche einer Teilzeitbeschäftigung nachgehen beständig an. [79] Im Jahr 2015 gingen 9 Prozent aller erwerbstätigen Männer zwischen 20 und 64 Jahren einem Arbeitsverhältnis in Teilzeit nach. Im europäischen Vergleich liegt Deutschland hier auf dem 8. Platz. Spitzenreiter ist Niederlande mit 22 Prozent, gefolgt von Schweden und Dänemark mit 12 Prozent.[80] Diese Entwicklung zeigt zum Einen auf, dass die Gleichstellung der Frauen auf dem Arbeitsmarkt, wie bereits in Kapitel 2.2. näher erläutert, doch Schritt für Schritt Einzug hält. Im Bezug auf die ebenfalls dort genannte Werteänderung und Forderung nach Flexibilität etc. ist der Trend der Teilzeitbeschäftigung, insbesondere auch die steigende Zahl der Inanspruchnahme durch Männer, durchaus als Folge dieser Entwicklung anzusehen.

Sonstige Möglichkeiten / Beispiele aus der Praxis

Es gibt derzeit bereits vielerlei Möglichkeiten den Arbeitnehmern attraktive Arbeitsgestaltungen und Vergünstigungen anzubieten. Unternehmen bzw. Arbeitgeber müssen durch individuell passende Maßnahmen den in Kapitel 2

---

[78] Vgl. Statistisches Bundesamt Deutschland, 2009, S. 1

[79] Vgl. Baillod, 2002, S. 160

[80] Vgl. Statistisches Bundesamt, 2016, S.1

genannten Gründen des steigenden Strebens nach Work-Life-Balance entsprechen, um so auf dem Markt bestehen zu können. Viele Firmen sind schon Vorreiter und präsentieren ihren Beschäftigten bereits diverse Veranstaltungen und Kurse neben dem Beruf.

Große Firmen wie die Siemens AG oder die Audi AG, gewähren den Mitarbeitern die Möglichkeit beim Wiedereinstieg nach Auszeiten, insbesondere nach der Babypause, unterschiedliche Förderungen. Bei der Audi AG etwa, werden verschiedene Workshops angeboten, die sich mit dieser Situation beschäftigen.
Ein Schwerpunkt dabei ist der Umgang mit der konkurrierenden Situation Familie und Beruf, Schulungen zur Kindergesundheit, aber auch der Austausch mit Kollegen, welche sich in der gleichen Situation befinden. So können sich die Betroffenen ein Bild von Ihrer Situation und derer der Kollegen machen und lernen, sich auf diese oft neue Lage einzustellen und damit umzugehen.
Das Wissen, dass die eigene Lebenssituation im Unternehmen erkannt und unterstützt wird, fördert nachhaltig die Motivation der Mitarbeiter und somit auch deren Leistung. Damit profitieren nicht nur die Arbeitnehmer, von solchen Angeboten, sondern auch die Arbeitgeber.
Die Siemens AG hat sogar eine Notfallbetreuung der Kinder im Krankheitsfall eingerichtet. So wird es Eltern ermöglicht, trotz Krankheit des Kinder, der beruflichen Tätigkeit nachzugehen.[81]

Was den Familien mit Kindern die Vereinbarkeit von Familie und Beruf deutlicher erleichtert und als Selbstverständlichkeit anzusehen ist, ist die Handhabe, die Urlaubszeiten auf die Schul-/Ferienzeiten der Kinder größtenteils abzustimmen. Somit kann die Kinderbetreuung in den Zeiten, in denen keine Schule etc. stattfindet gewährleistet und die Familien nicht vor neue Probleme gestellt werden.

Die Techniker Krankenkasse beispielweise bietet darüber hinaus seit geraumer Zeit Stressbewältigungs- und Entspannungskurse an. Auch kann an Präventionskursen für Burnout-Erkrankungen teilgenommen werden.[82]
Bei anderen Einrichtungen stehen Beratungsstunden für die verschiedensten Leiden oder Probleme bereit. Zeitmanagementkurse oder autogenes Training unterstützen

---

[81] Vgl. http://blog.audi.de/2015/11/06/mehr-zeit-fuer-die-familie/, siehe auch http://familienbewusste-personalpolitik.de/good-practices/unternehmen-in-der-metropolregion-nuernberg/siemens-ag-erlangen/, entnommen am 12.11.2016, um 14:13 Uhr

[82] Vgl. https://www.tk.de/tk/kursinhalte-im-ueberblick/stress-u-entspannung/burnout/135090, entnommen am 12.11.2016, 14:23 Uhr

die Arbeitnehmer in den unterschiedlichsten Lebenslagen. Es stellt gegenwärtig eine große Aufgabe der Daseinsvorsorge für die Unternehmen dar, ihren Mitarbeitern zu ermöglichen, an solchen Veranstaltungen teilzunehmen. Diese Kurse und Angebote wirken präventiv, aber auch fördernd bei Erkrankungen.

Die Firma Rohde & Schwarz GmbH & Co. KG etwa, ermöglicht ihren Beschäftigten vergünstigte Eintrittspreise in ortsansässigen Fitnessstudios. Über ein vertraglich festgehaltenes Kontingent werden den Mitarbeitern Plätze in Kursen gewährleistet. So kann z.B. gesundheitlichen Leiden, wie Rückenbeschwerden oder Bandscheibenproblemen, vorgebeugt werden. Durch derlei Maßnahmen wird auch der Krankenstand in Firmen reduziert.

3.3. Zusammenfassung Kapitel 3

Die stetig fortschreitende Gleichstellung der Frau im privaten und beruflichen Alltag, insbesondere in der Wirtschaft und der damit verbundenen Arbeitswelt, lässt einen dringenden Handlungsbedarf erkennen. Bisher wurden Führungspositionen in Unternehmen nur eingeschränkt mit Frauen besetzt. Die Bekleidung solcher Ämter mit Müttern ist bisher eher eine Seltenheit. Als Hauptgrund gilt die geringe Möglichkeit und die Schwierigkeiten den beruflichen Alltag mit der familiären Situation zu vereinen. Auch stellt der demografische Wandel die Arbeitgeber und die Familien vor neue Herausforderungen. Die Zahl der zu pflegenden Angehörigen wächst aufgrund der konstant ansteigenden Alterung der Gesellschaft.

Nicht allein die zu pflegenden Angehörigen und Kinder im familiären Zuhause sind als Hauptgrund für die genannte Problematik zu nennen. Ein wichtiger Aspekt ist ferner die Beanspruchung der Arbeitnehmer der Gegenwart. Das Rentenalter steigt an, die Arbeitnehmer werden älter. Durch die Gegebenheit, dass weniger junge Arbeitnehmer, vor allem Fachkräfte, nachkommen, steigen die Aufgaben und die Verantwortung der älteren Mitarbeiter fortwährend. Dazu wachsen stetig die geistigen als auch körperlichen Anforderungen, wie u.a. in Kapitel 3.1. näher beschrieben.
Es liegt in der Hand der Unternehmen, auf diese jeweiligen neuen Situationen zu reagieren und die erforderlichen Maßnahmen in die Wege zu leiten und sich darauf einzustellen. Es gilt sich auf diesen Fortgang einzustellen und Maßnahmen zu entwickeln, um diese sicher anspruchsvollen Wege erfolgreich zu beschreiten.
Es liegt in der Verantwortung der Arbeitgeber, Stärken und Schwächen seiner Arbeitnehmer zu erkennen. Bedingt auch durch den vorgenannten demografischen Wandel und den drohenden Fachkräftemangel müssen Leistungen entsprechend gefördert und Laster oder Hemmungen bekämpft werden. Für den langfristigen

Erfolg der Unternehmer wird es unumgänglich seine Arbeitnehmer, wenn möglich, an sich zu binden und zu halten. Die Wirtschaft muss sich noch mehr auf die Lebenssituationen der Beschäftigten einstellen und den beruflichen Alltag so gestalten, dass sich dieser auch mit dem Privatleben seiner Beschäftigten vereinbaren lässt.

Flexible Arbeitszeit- und Arbeitsortmodelle sind für die künftige Entwicklung auf dem Arbeitsmarkt unumgänglich. Der Einzug haltende Wandel der Wertegewichtung ist hier als wichtiger Faktor zu nennen. Der Beschäftigte in der Gegenwart legt viel Aufmerksamkeit auf die Vereinbarkeit seiner privaten und beruflichen Lebensgestaltung. Im Gegensatz zu früheren Jahren, in denen der Arbeitnehmer sein Privatleben weitgehend dem Beruf unterordnete, begegnen sich die beiden Lebensphasen der Mitarbeiter aktuell auf Augenhöhe. Es gilt Arbeitsmodelle zu entwickeln, die dieser Anforderung gerecht werden.

Durch Einführung von elternunterstützenden Regelungen, wie z.B. Elternzeit oder die Vereinfachung des Wiedereinstiegs in den Beruf nach der Elternzeit, sowie das Angebot von Teilzeitbeschäftigung oder die Betreuung der Kinder in Kindertagesstätten (betriebseigene oder angemietete Plätze in ortsnahen Einrichtungen) ermöglichen den Beschäftigten die Eintracht von Familie und Beruf zu finden. Die Installation von Telearbeitsplätzen und weiteren Vergünstigungen helfen den Mitarbeitern dabei Freizeitbeschäftigungen nachzugehen, ohne dass das Berufsleben darunter leidet. Die Arbeitswelt befindet sich gegenwärtig in dieser Hinsicht vor und in einem enormen Umbruch, welcher offenbar wegen der vielen vorgenannten vielschichtigen Gründe unausweichlich erscheint.

4. Zusammenfassung / Ausblick

4.1. Zusammenfassung

Die Problematik, den privaten und beruflichen Lebenswandel in Einklang zu bringen, stellt sich gesamtgesellschaftlich dar und wirkt sich auf vielerlei Betrachtungsfelder aus. Der Begriff „Work-Life-Balance" zählt längst nicht mehr als Modeerscheinung, sondern als tiefgreifende Entwicklung und Umbruch für die Wirtschaft, insbesondere der Arbeitswelt. Auch die Politik hat die Tragweite dieser Thematik bereits erkannt und erste Schritte für den Weg mit dieser Forderung nach Vereinbarkeit der beruflichen und privaten Lebensform eingeleitet.
Der deutliche Rückgang der Lebendgeburten in Deutschland seit den 70ger Jahren und dem damit einhergehenden demografischen Wandel stellt für die gesamte

Gesellschaft und damit auch für die Bundesregierung eine weitreichende und zukunftsweisende Herausforderung dar. Hauptziel muss sein, dieser Entwicklung entgegenzuwirken und den damit verbundenen drohenden Fachkräftemangel zu hemmen.
Jedoch ist die Eindämmung des demografischen Wandels ein anspruchsvolles Ziel, auf dessen Weg viele Ursachen und Erschwernisse liegen. Diese Probleme müssen beseitigt werden oder es sind Maßnahmen zu treffen, die diese Einschränkungen im Idealfall in Chancen umwandeln. Ein erster Schritt ist es aber die Ursachen zu erkennen.

Der besagte demografische Wandel muss, aufgrund der hohen Anzahl an psychischer, aber auch physischer Erkrankungen, ein Umdenken in Gesundheitsfragen mit sich bringen. Mit der Alterung der Gesellschaft geht Zug um Zug die Alterung der Arbeitnehmerschaft einher. Die Steigerung der Anforderungen an die Beschäftigten, auch im höheren Alter, stellt für Unternehmen und Politik gleichermaßen, eine weitragende Herausforderung dar. Unternehmen müssen sich darauf einstellen, auch ältere Arbeitnehmer verstärkt zu fördern und zu unterstützen. Dabei dürfen die jeweiligen altersentsprechenden Mittel nicht unberücksichtigt bleiben.
Die körperliche Leistungsfähigkeit eines älteren Arbeitnehmers kann nicht mit der eines jüngeren verglichen werden. Jedoch bringt der ältere Beschäftigte ein anderes wertvolles Maß an Erfahrung und Souveränität mit sich. Dies gilt es zu erkennen und entsprechend zu nutzen.

Es muss aber auch am Grundinteresse der Arbeitspolitik liegen, Maßnahmen zu entwickeln, die den Arbeitnehmern und deren Lebensgestaltung entgegenkommen. Während der jüngere Beschäftige Flexibilität des Berufsalltags fordert, damit die Freizeitgestaltung, ggf. das Familienleben und der Beruf, miteinander vereinbar sind, zählt die Ermöglichung einer Teilzeitarbeit und einem flexiblen Arbeitsort, auch bei älteren Arbeitnehmern zur entscheidenden gesundheitlichen Ansichtsweise.

Neben den physischen Anforderungen ist auch die psychische Belastbarkeit der Mitarbeiter zu berücksichtigen. Psychische Erkrankungen wie etwa Depressionen, zu denen auch das Burnout-Syndrom gehört, zählen zwischenzeitlich zu den am häufigsten auftretenden Erkrankungen in der Gesellschaft.
Wird der negativen Entwicklung im Laufe der beruflichen Anforderung entsprechend entgegengewirkt und den Betroffenen die Möglichkeiten geboten die berufliche und private Lebensgestaltung in Einklang zu bringen, wirkt das entscheidend positiv auf das Befinden des Arbeitnehmers ein und damit präventiv für psychische

Erkrankungen. Ein Nebeneffekt, der zum Haupteffekt werden kann, ist die Ermöglichung eines zeitlich längeren beruflichen Daseins.

Neben dem demografischen Wandel, zählen auch sogenannte Megatrends zu den folgenreichsten Ursachen dieser Problematik. Die Geschlechtergleichstellung „Female-Shift" bringt u.a. auch für die Arbeitswelt weittragende Folgen. Die Erwerbstätigkeit der Frauen hat sich seit den 70ger Jahren fast verdoppelt. Auch die Bekleidung von Führungspositionen durch Frauen ist auf dem Vormarsch. Diese Entwicklung bedeutet weitgehende Veränderungen für das Familienleben. Aus den ursprünglichen Hausfrauen werden erwerbstätige Familienversorger. Hieraus ergeben sich neue Herausforderungen für die Kinderbetreuung und der zeitlichen Gestaltung des Privat- bzw. Freizeitlebens.

Die Vernetzung der Menschheit mit Maschinen, auch Konnektivität genannt und die damit einhergehende Globalisierung leisten einen großen Beitrag zur vorgenannten Entwicklung weg von der Unterordnung des Privatlebens unter das Berufsleben, hin zur Gleichstellung dieser Lebensphasen.
Andere Lebensweisen, Ansichten und Möglichkeiten werden hierdurch auf einfachem Wege verbreitet und der Einzelne erhält so die Chance, sich damit auseinanderzusetzen und dies evtl. im eigenen Lebensstil zu verankern.
Als Folge der Globalisierung und Konnektivität und des kontinuierlich steigenden Wohlstands in Deutschland wachsen gleichzeitig die Anforderungen der Gesellschaft an die Freizeitgestaltung, aber auch an die Vereinbarkeit dieser mit dem beruflichen Lebenswandel.

Als Antwort auf die vorgenannte Situation steht der Begriff Diversity-Management, welcher für die Erkennung und Verwendung des jeweiligen Individuums Anwendung findet. Stärken und Schwächen der jeweiligen Angestellten müssen gefördert und unterstützt sowie die jeweiligen Arbeitsbedingungen entsprechend angepasst werden. Passt sich die Wirtschaft dem Zeitgeist an, können viele dieser Maßnahmen zum Erfolg führen.

Mit Verankerung der Geschlechtergleichstellung im Grundgesetz, Einführung der Frauenquote in Unternehmen, Gewährung der Elternzeit und gesetzliche Sicherung eines Anspruchs auf einen Platz in einer Kindertageseinrichtung, hat auch der Gesetzgeber den Weg zur Weiterentwicklung eingeschlagen. Jedoch wird es noch viel Zeit in Anspruch nehmen, bis die eingeführten Programme Früchte tragen. Es ist schwierig abzusehen, welche weiteren Schritte noch getroffen werden müssen, auch

deswegen weil die zukünftige Entwicklung in der Gesellschaft nur schwer abzusehen ist.
Welche wichtigen Steuerungsmechanismen getroffen werden könnten und wie sich die bereits getroffenen Entscheidungen auf die Bevölkerung, die Wirtschaft und die Vereinbarkeit von Privat- und Berufsleben auswirken, wäre eine Thematik, welche in einer weiterführenden wissenschaftlichen Arbeit untersucht werden müsste.

Vergleicht man die Bundesrepublik Deutschland mit den Nationen, die Vorreiter in Sachen Familienpolitik sind, wird deutlich, dass sich erst nach einigen Jahren die Erfolge solch weittragender Entscheidungen, wie z.B. Elternzeit, Elterngeld, Frauenquote und Arbeitsbedingungen, einstellen. Norwegen hat die besprochene Thematik und die dahinterstehenden Schwierigkeiten bereits in den 90ger Jahren erkannt und erste Schritte eingeleitet. Erst Anfang der 2000er ließen sich daraus erste Erfolge erkennen.

Im Vergleich zu Frankreich, wo die Tradition, insbesondere der Fremdbetreuung von Kindern tief verankert ist, lässt sich erkennen, dass auch diese Nation weiter Schwierigkeiten in der Familienpolitik hat. Frankreich schneidet zwar im internationalen Vergleich in Punkto Bildung und Nachwuchs deutlich besser ab als Deutschland, jedoch sind psychische Erkrankungen dort sehr verbreitet und die Zahlen deutlich höher als in Deutschland.
Zusammenfassend lässt sich sagen, dass Deutschland im internationalen Vergleich durchschnittlich aufgestellt ist, aber viel Platz nach oben ist. Das Problem in unserer Gesellschaft ist erkannt, es gilt jetzt, weitere Maßnahmen zu entwickeln und zu planen und diese dann auch konsequent umzusetzen.

Durch die Ermöglichung von Teilzeitarbeit, Telearbeitsplätzen, Kinderbetreuung in betriebseigenen Kindergärten oder ortsnahen Kindertageseinrichtungen, in welchen die Betriebe Plätze für Kinder angemietet haben, durch die Erleichterung des Wiedereinstiegs nach der Elternzeit und vielen weiteren Möglichkeiten, die den Beschäftigen Erleichterung verschaffen, den beruflichen und privaten Lebenswandel in Einklang zu bringen, kann erfolgreich den in Kapitel 2 genannten Ursachen entgegengewirkt und evtl. negative Folgen für die Wirtschaft und Unternehmen daraus abgewendet werden.

Aufgrund der vorgenannten Abhandlungen, welche durchaus erfolgversprechend für die Unternehmen und die politische Darstellung Deutschlands eingesetzt werden können, stellt sich dann auch die Frage:
Welche Folgen haben voraufgeführte Maßnahmen auf die Kinder und Familien?

Viel diskutiert wird in diesem Zusammenhang immer wieder die frühkindliche Betreuung in Kindertagesstätten und die Bindung zu Hause in der Familie.

4.2. Auswirkungen auf Kinder und Familien

Auswirkungen auf Kinder am Beispiel Betreuung in einer Kindertagesstätte

Eine mittlerweile sehr wichtige und oft unverzichtbare Einrichtung ist die frühkindliche Betreuung in einer Kindertagesstätte geworden. Aufgrund der aktuellen Debatte über die gesetzlichen Ansprüchen auf einen Platz in der Kindertagesbetreuung und der stetig steigenden Anzahl an Müttern bzw. Eltern, die beide berufstätig sind und aus diesem Grunde ihre Kinder fremd betreuen lassen müssen, stellt sich deshalb auch die Frage nach den Auswirkungen und Folgen für die kindliche Entwicklung und Bindung zur Familie.

In Deutschland ist die Einstellung, dass die Betreuung und Erziehung der Kinder ausschließlich die Eltern übernehmen sollten durchaus noch weit verbreitet. Eine Studie des Macalester College in Minnesota hat Studien aus den vergangenen 50 Jahren zusammengefasst. Viele dieser Studien begleiteten die Kinder mehrere Jahre lang. Als Ergebnis konnte festgestellt werden, dass Kinder, die bereits im frühkindlichen Alter durch den Aufenthalt in z.B. Kindertageseinrichtungen mit anderen Kindern und Verhaltensregeln konfrontiert werden, im Verlauf ihres späteren Lebens nicht häufiger Schul- oder Verhaltensprobleme haben, als Kinder aus Elternhäusern, in denen sie bis zum 3. Lebensjahr oder länger zu Hause durch die Eltern etc. betreut wurden.
Auch geht aus dieser Studie hervor, dass die Kinder, welche mit Fremdbetreuung aufgewachsen sind, seltener aggressiv oder übertrieben ängstlich sind, als solche, die sich lediglich mit dem Umfeld zu Hause auseinandersetzen mussten. Auch eine Studie der Bertelsmannstiftung zeigt, dass Krippenkinder mit einer deutlich höheren Wahrscheinlichkeit das Gynasium besuchten. Jedoch hängt dies auch von der Qualität der Einrichtung, welche für die Betreuung des Kindes zuständig ist und der Herkunft der Kinder ab.[83]

Auswirkungen auf Familienleben

Aus den Möglichkeiten der Vereinbarkeit der beruflichen und privaten Lebensgestaltung lassen sich auch grundlegende Auswirkungen auf das

---

[83] Vgl. BertelsmannStiftung, Pressemitteilung 03.03.2008, vgl. hierzu auch Albarracin, Psychological Bullentin, Bd. 136, S. 215, 2010

Familienleben ableiten. Positive Erfahrungen in einem Bereich, wirken sich wie eine Kettenreaktion auch auf die Leistungen in anderen Bereichen aus.
Aus dieser Erkenntnis lässt sich feststellen, dass sich Erfolg im Beruf, auch zum Teil in der Entwicklung in den Familien bzw. der Elternrolle widerspiegelt. Beispielsweise wird der Arbeitnehmer im beruflichen Alltag damit konfrontiert, gewisse Arbeitsschritte von unterschiedlicher Priorität zu erledigen. Diese Fähigkeit lässt sich im übertragenen Sinn auch auf das Familienleben umlegen und wirkt sich auch entsprechend positiv aus.

Die Möglichkeit das Familienleben mit dem Berufsleben zu vereinen, wirkt sich auch positiv auf die Psyche des Arbeitnehmers bzw. Elternteils oder pflegenden Angehörigen aus. Durch die dadurch erreichte zusagende Lebenseinstellung kann die Leistung in Beruf und Familie gesteigert werden. Außerdem können somit auch Stresssituationen leichter bewältigt werden.[84]

---

[84] Vgl. Strecker, S. 29, 2016

Literaturverzeichnis

Dolores Albarracin, American Psychological Association, Psychological Bullentin, Minnesota, 2010.

Jürgen Baillod (Hrsg.), Arian Blum, Susanne Erdös-Schärer, Marianne Schär-Moser, Martin Stamatiadis, Chance Teilzeit, Argumente und Materialien für Verantwortliche, vdf Hochschulverlag AG an der ETH Zürich, Zürich, 2002.

BertelsmannStiftung, Studie: Besuch einer Kinderkrippe führt zu größeren Bildungschancen und erhöht das Lebenseinkommen, Gütersloh, 2008.

Bundesministerium für Familie, Senioren, Frauen und Jugend, Memorandum Familie und Arbeitswelt; Die NEUE Vereinbarkeit, Berlin, 2015.

Bundesministerium für Familie, Senioren, Frauen und Jugend, Erfolgreich für mehr Vereinbarkeit Familie und Beruf; Wie familienbewusste Kooperation von Unternehmen und anderen Akteuren vor Ort aussehen kann, Berlin, 2014.

Bundesministerium für Familie, Senioren, Frauen und Jugend, Erfolgsfaktor Familie, Unternehmen Kinderbetreuung, 4. Auflage, Puplikationsversand der Bundesregierung, Berlin, 2012.

Bundesministerium der Justiz und für Verbraucherschutz, Sozialgesetzbuch (SGB), Fünftes Buch (V) – Gesetzliche Krankenversicherung – ,Bonn, 1988.

Daniel Dorniok, Vereinbarkeit von Familie und Beruf, Maßnahmen zur Work-Life-Balance und ihre Auswirkungen auf Unternehmen und Beschäftigte, Igel Verlag RWS, Hamburg, 2014.

Hans-Christoph Friedrich, Medizinische Universitätsklinik, Allgemeine Innere Medizin und Psychosomatik / Peter Henningsen, Klinik und Poliklinik für Psychosomatische Medizin und Psychotherapie, Klinikum rechts der Isar, Technische Universität München, Ärzteblatt der Ärztekammer Baden-Württemberg, 2014.

Johanna Giese, Work-Life-Balance im Unternehmen, Erfolgsfaktor für Arbeitgeber und Arbeitnehmer?, tredition GmbH, Hamburg, 2013.

Dennis Hansen, Generation Y und Z: Analyse ausgewählter Instrumente zur Mitarbeiterbindung, Books on Demand, Norderstedt, 2015.

Andreas Hepp/ Friedrich Krotz/ Shaun Moores/ Karsten Winter, Konnektivität, Netzwerk und Fluss, Konzepte gegenwärtiger Medien-, Kommunikations- und Kulturtheorie, VS Verlag für Sozialwissenschafter, 1. Auflage, Wiesbaden, 2006.

Sandra Hiendl, Grenzen zwischen Beruf und Privatleben werden durchlässiger, Passauer neue Presse, Viechtacher Bayerwald Bote, Teil Niederbayern, 28.06.2016.

Torben Hügens, Balanced Scorecard und Ursache-Wirkungsbeziehungen, Kausale Modellierung und Simulation Mithilfe von Methoden des Qualitative Reasoning, 1. Auflage, Gabler/GWV Fachverlage GmbH, Wiesbaden, 2008.

Stephan Kaiser/ Max Josef Ringlstetter, Work-Life-Balance, Erfolgsversprechende Konzepte und Instrumente für Extremjobber, Springer Verlag, Berlin, Heidelberg, 2010.

Martina Adelheid Meißl, Work-Life-Balance und Führung, GRIN Verlag, Norderstedt, 2007.

Ohne Verfasser, Die Gesundheit der Mitarbeiter als hohes Gut, Passauer Neue Presse, Viechtacher Bayerwaldbote, Teil Heimatwirtschaft, 05.11.2016.

Deniz B. Schobert/ Adelheid Esslinger (Hrsg.), Erfolgreiche Umsetzung von Work-Life-Balance in Organisationen; Strategien, Konzepte, Maßnahmen, Deutscher Universitätsverlag, Wiesbaden, 2007.

Matthias Sieber/ Peter Recknagel, Ich bin dann mal im Home Office; Der Masterplan zu mehr Flexibilität; Schritt-für-Schritt Anleitung – praxiserprobt – sofort umsetzbar, epuli GmbH, 2012.

Statistisches Bundesamt, D-STATIS, Frauendomäne Teilzeitarbeit – Wunsch oder Notlösung?, Wiesbaden, 2009.

Statistisches Bundesamt, D-STATIS, Erwerbstätige Männer in Teilzeitarbeit, Wiesbaden 2016.

Marina Melanie Strecker, Organisationale Unterstützung zur Vereinbarkeit von Familie und Beruf, Eine Untersuchung zentraler Zusammenhänge aus Topmanagement- und interkultureller Perspektive, Springer Fachmedien, Wiesbaden, 2016.

Cornelius Torp, Die Herausforderung der Globalisierung, Vadenhoeck & Ruprecht GmbH & Co. KG, Göttingen, 2005.

Katalin Velladics, Generationenvertrag und demografischer Wandel, Konsequenzen des aktiven Alterns für den Arbeitsmarkt am Beispiel Deutschlands und Ungarns, 1. Auflage, Deutscher Universitätsverlag/ GWV Fachverlage GmbH, Wiesbaden, 2004.

Verzeichnis der Internetquellen

27.10.2016

http://www.zeit.de/gesellschaft/familie/2016-10/bgh-eltern-koennen-schadenersatz-fuer-fehlenden-kitaplatz-bekommen

https://www.destatis.de/DE/ZahlenFakten/GesellschaftStaat/Bevoelkerung/Geburten/Tabellen/LebendgeboreneDifferenz.html;jsessionid=3EABF91D3261F59E3AACE7D55ED55F86.cae1

http://ef-magazin.de/2009/05/31/1237-geburtenrueckgang-der-demographische-umbruch-1972

http://www.muenchener-institut.de/beratung-fuer-unternehmen/zahlen-daten-fakten/

http://wirtschaftslexikon.gabler.de/Definition/diversity-management.html

28.10.2016

http://www.zeit.de/politik/2009-11/ausgrenzung-psychisch-erkrankter

http://www.tagesspiegel.de/politik/pro-und-contra-pro-es-braucht-neue-strukturen/6290032-2.html

https://www.bundesregierung.de/Content/DE/Artikel/2015/03/2015-03-06-frauenquote.html

29.10.2016

http://www.norwegen.no/News_and_events/germany/policy/Likestilling-er-nokkelen-til-okonomisk-vekst-i-Norge/#.WBNd- .

https://de.statista.com/statistik/daten/studie/164546/umfrage/erwerbstaetigenquote-von-frauen-in-verschiedenen-laendern/

05.11.2016

http://www.zeitblueten.com/news/work-life-balance-unternehmen/,

06.11.2016
Bayerisches Staatsministerium für Arbeit und Soziales, Familie und Integration
http://www.kompetenzgewinn.bayern.de/flexibilitaet/situation/index.php

http://blog.audi.de/2015/11/06/mehr-zeit-fuer-die-familie/

11.11.2016
http://www.pnhr.de/aktuelle-themen-specials/der-telearbeitsplatz.

12.11.2016
http://familienbewusste-personalpolitik.de/good-practices/unternehmen-in-der-metropolregion-nuernberg/siemens-ag-erlangen/

https://www.tk.de/tk/kursinhalte-im-ueberblick/stress-u-entspannung/burnout/135090

13.11.2016
http://www.iwkoeln.de/studien/iw-analysen/beitrag/laura-christin-diekmann-axel-pluennecke-familienfreundlichkeitsindex-62499

http://www.zeit.de/2013/37/frankreich-kinder-staatliche-fruehfoerderung/seite-3

15.11.2016
Intranet der Audi AG

18.12.2016
http://www.ambafrance-de.org/Familiensplitting-Eine-haushaltsgerechte-Einkommensbesteuerung

FSC
www.fsc.org
MIX
Papier | Fördert gute Waldnutzung
FSC® C083411

Kolibri 360 GmbH
Ferdinand-Jühlke-Straße 7
99095 Erfurt, Deutschland
produktsicherheit@kolibri360.de

Druck:
CPI Druckdienstleistungen GmbH
im Auftrag der
Kolibri 360 GmbH
Ferdinand-Jühlke-Str. 7
99095 Erfurt